都市
その機能とダイナミクス
― 都市政策の実践理論構築に向けて ―

永田兼一

大阪公立大学出版会

本書を我が人生の師
　故 後藤文治 立命館大学経済学部教授
　故 仙石泰輔 大阪市計画局長
　故 大西英雄 大阪市総合計画局長
に捧ぐ.

目　　次

序章　都市の動態分析に当たって ……………………………………………… 1

　序1. 我が国における都市化の変遷 ………………………………………… 1

　序2. 地球的規模の都市化の進展 …………………………………………… 4

　序3. 本書の目的と構成 ……………………………………………………… 6

第Ⅰ章　都市分析のプラットフォーム …………………………………… 9

　1.1. 都市とは何か，都市をどう捉えるか ………………………………… 9

　1.2. 人々の活動と都市機能の構造 ………………………………………… 11

　1.3. マクロ都市政策の基本原則 …………………………………………… 12

　　1.3.1.「人間活動の場」と「社会的装置」の両立　12

　　1.3.2. 社会的装置としての核心：「コンプレックス」の堅持・充実　13

　　1.3.3. 終わりなき都市選択「絶えざる都市機能の更新」　13

　　1.3.4. 都市の個性・アイデンティティの確立　14

第Ⅱ章　グローバル社会と都市 ………………………………………………… 17

　2.1. グローバル都市ネットワーク社会と大阪 …………………………… 17

　　2.1.1. 21世紀はグローバル都市ネットワーク社会　17

　　2.1.2. グローバル都市ネットワーク社会の将来展望　19

　　2.1.3. 大阪の国際都市化戦略　20

　2.2. 次のステップ：「草の根国際都市」をめざして ……………………… 24

　　2.2.1.「相互浸透」時代の到来　24

　　2.2.2. 草の根国際都市に向けた幾つかの提案　25

　　2.2.3. むすび　28

　　［コラム1］大都市自治体と国際交流　29

第Ⅲ章　都市と経済—経済のダイナミクスと都市— ……………………… 33

3.1.　はじめに …………………………………………………………………… 33
3.2.　都市経済分析のフレームワーク ………………………………………… 35
　　3.2.1.　都市における経済循環　35
　　3.2.2.　都市経済の動学的循環　37
　　3.2.3.　都市経済の機能構造　38
3.3.　都市経済ビジョンの策定に向けて ……………………………………… 41
3.4.　欧米都市経済の旅・1980 ………………………………………………… 48
　　3.4.1　ピッツバーグ：ルネッサンス・シティ　49
　　　　［追記］ピッツバーグと大阪　56
　　3.4.2.　ロンドン：インターナショナル・シティ　56
　　　　［追記］ブレイク・スルー　68
　　3.4.3.　パリ：輝く都市　69
　　　　［追記］グランプロジェによるパリ改造　74
　　3.4.4.　各都市の経済政策（まとめ）　74
3.5.　大阪市産業・経済ビジョンと政策体系 ………………………………… 76
　　3.5.1.　大阪経済のめざすべき方向（コンセプト）　77
　　3.5.2.　経済シナリオの選択　78
　　3.5.3.　第一段階の政策体系と主要施策　81
3.6　むすび ………………………………………………………………………… 83
　　　　［コラム2］「都市に工業をできるだけ保持する」の意味　85

第Ⅳ章　都市と人口—人口動態の都市力学— ……………………………… 89

4.1.　大阪市の人口動向と変動要因 …………………………………………… 89
　　4.1.1.　大阪市人口減少の主要因：社会動態の構造分析　90
　　4.1.2.　住宅と人口動態　102
　　　　［コラム3］工場跡地に住宅建設したケースの人口変動効果試算　108
　　4.1.3.　地方圏・東京圏との人口移動及び自然動態　108
　　4.1.4.　まとめ　113
　　　　［コラム4］大都市志向と習慣形成　115

4.2. 「大阪市総合計画21」における人口指標の設定 ················· 116
　4.2.1. 人口指標設定の3視点　116
　4.2.2. 各ケースの意味と大阪市の選択　116

4.3. 総合的人口回復策の策定と推進 ······························· 119
　4.3.1. 総合的人口回復策の立案　119
　4.3.2. 施策の体系と主要な事業構想　124
　［コラム5］土地所有者による住宅供給の重要性　130
　［追記］人口回復策の推進と人口動向の変化　134

第Ⅴ章　都市と文化―成熟都市のブレイク・スルーと文化力― ··················139

5.1. 文化を考察するプラットフォーム ······························· 139
　5.1.1. 文化をどう捉えるか：定義と領域　139
　5.1.2. 都市文化の三層構造　141

5.2. 都市にとって文化の持つ意味・重要性 ························· 141
　5.2.1. 「豊かさの追求」，「生きがいの追求」に寄与　142
　5.2.2. 都市経済のフロンティア拡大に寄与　142
　5.2.3. 重要な都市形成力としての役割　143
　5.2.4. 都市の品格向上，アイデンティティの確立，イメージアップに寄与　144

5.3. 「大阪市総合計画21」における文化振興の方向 ··············· 145

5.4. 都市文化発展のための施策の推進 ····························· 147
　5.4.1. 市民文化活動の活性化：「草の根文化都市」に向けて　147
　5.4.2. 新しい都市文化の創造　150
　5.4.3. 大阪文化のブランド化と発信　155
　［コラム6］メトロポリタン美術館：「一般市民・企業に近づき，
　　　　　　　より良い関係を築く」経営戦略　157

5.5. むすび ··· 160

第Ⅵ章　都市とビジター―ビジターと「都市収支」― 163

6.1. はじめに 163

6.2. 都市にとってビジターとは 163

    6.2.1. 旅の目的地としての都市　163

    6.2.2. ビジターの経済的意味　164

6.3. 国際集客都市構想のコンセプト 167

    6.3.1. プロローグ　167

    6.3.2. 「都市型観光」概念の確立　169

    6.3.3. 都市全体を集客装置に　169

    6.3.4. 滞在型・体験型・交流型観光の追求　170

6.4. 国際集客都市の実現に向けて 171

    6.4.1. ビジター attractive シティ　171

    6.4.2. ビジター convenient シティ　173

    6.4.3. ビジター friendly シティ　174

    6.4.4. ビジター gateway シティ　174

    [コラム7] 観光資源の「在庫管理」と「商品管理」　175

6.5. 観光都市の共通課題：創造的なマーケティングの重要性 175

    [コラム8] 大阪がプロモーションで強調すべき具体的提案　177

6.6. むすび 178

第Ⅶ章　都市構造の変遷と再構築
―多様な都市機能の包摂と都市構造― 181

7.1. 大阪都市圏の圏域構造 181

    7.1.1. 圏域の規模と特徴　181

    7.1.2. 国土構造の中の大阪都市圏　185

    7.1.3. 圏域開発・整備の基本姿勢　186

7.2. 中枢都市・大阪市の都市構造 186

    7.2.1. 都市構造の変遷と課題　186

    7.2.2. 都市構造の再構築―多核・多軸型都市構造へ―　189

終章　総都市化社会の将来と都市政策································195

あとがき　201

参考図表　202

索　　引　208

図表目次

表

表序 - 1　我が国の人口と都市化　1

表序 - 2　近年の人口・都市化動向　3

表序 - 3　世界の人口・都市人口　5

表序 - 4　世界の都市化動向　6

表Ⅰ - 1　人々の活動・都市機能の三層構造　11

表Ⅱ - 1　グローバル交流財とその交流拠点　19

表Ⅲ - 1　大阪市の昼間就業者数（産業別）の推移　34

表Ⅲ - 2 - 1　ピッツバーグ市の人口動向　50

表Ⅲ - 2 - 2　ピッツバーグ市の雇用動向　50

表Ⅲ - 3　ピッツバーグ市内に本社を有する主要企業　53

表Ⅲ - 4　大ロンドンの雇用動向　63

表Ⅲ - 5　大ロンドンにおける工業雇用の減少要因　63

表Ⅲ - 6　地域別の雇用動向　65

表Ⅲ - 7　我が国経済成長率の予測　78

表Ⅲ - 8　産業別就業人口の都市比較　79

表Ⅲ - 9　大阪市の経済シナリオ　80

表Ⅲ - 10　施策体系　81

表Ⅲ - 11　我が国の平均経済成長率（1981～2020年度）　84

表Ⅲ - 12　製造業各工程の立地特性　85

表Ⅳ - 1　大阪市の人口動態　91

表Ⅳ - 2　就業率の推移　93

表Ⅳ - 3　産業別・居住地別大阪市関連就業者の動向　94

表Ⅳ - 4　常住就業者増減の要因別効果（推計）　96

表Ⅳ - 5　職業別昼間就業者の居住地別増減数及び人口変動要因　98

表Ⅳ - 6　世帯規模別世帯人員数の動向　100

表Ⅳ - 7　新規供給民間分譲マンション1戸当たり面積と価格　103

表Ⅳ - 8　大阪圏の居住水準の推移　104

表Ⅳ - 9　着工新設住宅数の推移　104

表Ⅳ－10　住宅動態推計表　106

表Ⅳ－11　地方圏10〜14歳層の年齢ステージ別大都市圏への転出動向　109

表Ⅳ－12　大阪市と各地域間の人口移動　111

表Ⅳ－13　出生数関連指標　112

表Ⅳ－14－1　女性（15歳〜49歳）未婚・有配偶率（1985年）　112

表Ⅳ－14－2　女性の労働力状況（1985年）　113

表Ⅳ－15　移住型就職率の推移　115

表Ⅳ－16　常住人口のケース比較　117

表Ⅳ－17　各常住人口の年齢構成比較　118

表Ⅳ－18　転居の主要な要因　122

表Ⅳ－19　大阪市への通勤・通学時間の状況（1990年）　123

表Ⅳ－20　ライフステージ別施策の方向　126

表Ⅳ－21　新婚家賃補助適用世帯数の推移　128

表Ⅳ－22　「住宅附置誘導制度」の概要　129

表Ⅳ－23　「地域の森づくり」の概要　131

表Ⅳ－24　外国人ビジネスパースンが住宅選定に当たり重視する項目　134

表Ⅴ－1　平成17年度青少年向け芸術鑑賞等事業　148

表Ⅴ－2　文化の登龍門システム　152

表Ⅴ－3　規模別体系を構成する施設の例（当時）　154

表Ⅴ－4　大阪クラシック・星空コンサートの実績　156

表Ⅴ－5　メトロポリタン美術館の収入構造の変化　159

表Ⅵ－1　大阪市の人口・ビジター数　165

表Ⅵ－2　観光ビジターによる経済効果　166

表Ⅵ－3　大阪市の観光資源（例示）　172

表Ⅶ－1　大阪都市圏の規模・主要指標（1990年）　181

表Ⅶ－2　大阪都市圏の開発進行動向　183

表Ⅶ－3　歴史的・文化的蓄積の状況（1987年3月31日）　184

表Ⅶ－4　新都心・東西軸を形成する主な新規プロジェクト（1990〜2022年）　192

図

図Ⅰ－1　都市・概念図　10

図Ⅱ－1　国際中枢都市ネットワークのイメージ　18

図Ⅲ－1　都市経済の主体と諸関係　36

図Ⅲ-2　都市経済の動学的循環　38
図Ⅲ-3　経済機能の三層構造　39
図Ⅲ-4　産業経済の進化方向　44
図Ⅲ-5　大ロンドンの人口推移　58
図Ⅲ-6　パリ市及びパリ圏の人口動向　71
図Ⅲ-7　パリ市の雇用動向　71
図Ⅲ-8　都市経済振興体制概念図　83
図Ⅳ-1　常住人口の推移　90
図Ⅳ-2　5歳階層別5年経過人口の増減率推移　91
図Ⅳ-3　昼間就業者数の推移　94
図Ⅳ-4　住宅の新規供給に伴う世帯・人口の動態　105
図Ⅳ-5　人口・社会減少の要因　113
図Ⅳ-6　280万人を受け入れる住宅供給の見通し　119
図Ⅳ-7　1990年前後の大阪市推計人口　120
図Ⅳ-8　年収と民間分譲マンション価格　121
図Ⅳ-9　子育て支援ネットワークの考え方（概念図）　125
図Ⅳ-10　賃貸住宅経営採算性概念図　130
図Ⅳ-11　5歳階層別5年経過人口の増減率推移（1985〜2000年）　135
図Ⅳ-12　1990年以降の転出入　135
図Ⅴ-1　文化の領域　140
図Ⅴ-2　都市文化の三層構造　141
図Ⅴ-3　都市にとって文化の持つ意味　144
図Ⅴ-4　文化的まちづくりの方向　146
図Ⅵ-1　ビジターの類型　167
図Ⅵ-2　観光商品の開発　176
図Ⅶ-1　大阪都市圏図（1990年当時）　182
図Ⅶ-2　堀川開削と近世のまちづくり　188
図Ⅶ-3　都市構造図　191

参考図表

第1表　大阪市の総合計画（1次〜3次）　202
第2表　規模別・類型別世帯数の推移　204
第3表　20〜34歳層の有配偶率（1985年）　205

第4表　準世帯数・人員の推移　205
第5表－1　高校生の自県内就職率　205
第5表－2　高校生の自県内大学進学率　205
第1図　消費構造の展望（新SNAベース・名目）　206
第2図　都心居住促進区域　207

序　章

都市の動態分析に当たって

序1. 我が国における都市化の変遷

　我々は21世紀の幕開けから20年を経た現在を生きている．そして，今我々が生活しているこの社会は「都市社会」と認識することが適切である．なぜなら我が国の総人口1億2,600万人のうち人口10万人以上の都市に居住する人口（以下都市人口という）は約8,900万人（総人口の70.7％）に達しており，まさに都市は人々の主要な生活・活動の空間となっているからである．

　ここで，我が国における都市化の変遷を概観しよう（表序－1）．

　我が国の人口は18世紀初頭から19世紀半ばまでの約150年間にわたり3,000万人程度とほぼ安定していたと推定されている[1]．その後，明治以降の近代化・工業化の進展と共に急増に転じ，1872年の3,481万人が約50年後の第1回国勢調査が行われた1920年に5,596万人，100年後の1970年には3倍強の1億467万人と1億人を突破するに至った．その後もペースは鈍化しつつも増加を続け，2008年にピークの1億2,800万人（総務省「推計人口」）を記録した後，

表序－1　我が国の人口と都市化

（単位：1,000人，％）

	1872[a] （明治5年）	1920 （大正9年）	1970 （昭和45年）	2010 （平成22年）	2020 （令和2年）
総　人　口	34,806	55,963	104,665	128,057	126,227
都市人口	…	6,754 (11.8)	53,802 (51.9)	88,779 (70.6)	89,270 (70.7)

注：1）都市人口とは，10万人以上の人口規模の都市に居住する人口
　　2）（　）内は（都市人口÷総人口，単位：％）
資料：1）ⓐは総務省「日本統計年鑑」，（原典：内閣統計局推計人口）
　　　2）1920年以降は総務省「国勢調査」

減少過程に入ることとなった.

　これまでの人口増加の特徴は，その全てが都市における増加であったことである.都市人口は1920年には675万人（総人口の11.8％）に過ぎなかったが，人口のピークに近い2010年には8,878万人に達し，この90年間に8,200万人もの増加を記録している.この間の総人口の増加が7,210万人であったことから，増加人口の全てを都市が受け入れてきたことを示している.

　このように明治以降の工業化・経済成長の140年間は，まさに都市化の時代と呼ぶにふさわしく，経済成長が都市化を促進し，また，都市の高い生産性が高度経済成長を可能にするなど，「人口増加」・「都市化」・「経済成長」が相互に作用することによって社会の発展・変化が進んできたのである.

　このような一貫した都市化の流れも，その態様は時代と共に変化してきている.

　第2次世界大戦以前においては工業化が特に急速であった東京，大阪，名古屋，京都，神戸，横浜の6都市が全国人口の急増を背景に，地方から人口を吸引し急成長する「六大都市の時代」とも呼べる都市化の構図であった[2].

　戦後になると重化学工業化，サービス経済化の時代となり，このような経済活動の主要な舞台となったのは東京・大阪・名古屋を中心とするエリアであった.

　これらのエリアでは人口・産業の集中によって，産業立地や宅地開発は広域化し，都市活動は都市の行政区域をはるかに越えて展開され，「大都市圏」という実質的な巨大都市が形成されるに至っている.

　国際連合によると，その規模は2018年時点で東京圏…3,747万人，大阪圏…1,928万人，名古屋圏…951万人と，東京圏が世界第1位，大阪圏は同10位の大規模都市圏とされている[3].

　このように我が国の都市は工業化の過程で，百万〜数百万人規模から，一千万〜数千万人規模の大都市圏へと質的転換をとげ，「三大都市圏の時代」と呼べる段階へ進展してきたのである.

　このような都市化は経済発展・人口増加と共に進行してきた.しかしながら，1990年頃を境に日本経済は低成長過程に移行し，人口も2008年にピークを打って減少過程に入っている.低経済成長と人口減少というこれまでとは全く異なった状況の下で，都市化の動きは今後どのような方向に向かっていくの

であろうか.

そこで,経済基調の転換点となった1990年からの動向を少し詳しく見てみよう.

表序－2によると,次のようなことがわかる.

• 1990～2000年は総人口332万人の増加に対し,都市人口はこれを上回る466万人の増加があること.

• 2000～2010年は総人口の増加が113万人にとどまったのに対し,都市人口は1,177万人もの著しい増加となっており都市化が継続していること.

• 2010～2020年には人口が183万人減少し,都市人口の増加も49万人にとどまり,都市化のペースが大幅に低下してきていること[4].

さらに,「第Ⅳ章 都市と人口」で見るように,大都市圏への人口流入の源泉である地方圏の若年人口が少子化の進展により減少し,大都市圏への流入規模が縮小してきている.

こうして見ると,経済の低成長過程への移行後約20年,また人口減少局面への移行から10年を経て,我が国の都市化現象は大きな転換点を迎えているように思われる.

その中で,都市の構図もまた変貌しつつある.すなわち大都市圏においては,

• 国際金融機能や企業の意思決定機能,高度研究開発機能,情報処理発信機能などの高次都市機能の東京圏への集中

• 大阪圏,名古屋圏における人口・産業・各種都市機能の集積を生かした特色ある国際機能,研究開発,文化創造,新産業育成などの都市機能の向上に向けた積極的な取組

などが進みつつある.

表序－2　近年の人口・都市化動向

(単位：1,000 人)

	1990 (平成 2 年)	2000 (平成 12 年)	2010 (平成 22 年)	2020 (令和 2 年)
総 人 口	123,611	126,926	128,057	126,227
都市人口	72,349	77,008	88,779	89,270

注：都市人口は（表序－1）に同じ
資料：総務省「国勢調査」

他方，地方圏においては，

- 先端的な工業の立地
- 県庁所在都市などにおける商業・サービス業などの集積
- 各地の特質を活用した地域経済活性化策の推進
- 高速大容量情報基盤の整備，また国土縦貫型に加え国土横断型の高速道路網の形成などによる地方圏の自立度を高める基礎的条件の整備

などが進みつつある．

　以上のような諸点を総合すると，人口の減少は続くものの，東京を筆頭とする大阪・名古屋の三大都市圏，及びこれらが連坦した東海・山陽道メガロポリス，また県庁所在地を中心とする地方中枢都市，さらには，特徴を持った中規模都市など多様な都市群が，高速道路網，鉄道網，航空網で相互に連結され機能する「都市ネットワーク型国土構造」とも呼べる都市社会へ向かっていると考えられる．

　以上，我が国の都市化現象を概観してきたが，ここから導かれることは，これまでの経済成長を可能としてきたのは都市の成長力であり，その結果として，都市は人々の生産・創造活動，生活・居住の圧倒的に重要な場となってきたということである．このことは，

① 我が国経済が現在の低成長を脱し，新たな展開を試みる上で都市の蓄積・潜在力を活用すること，また，

② 生活水準の向上のためには人々の主要な生活空間となった都市の整備充実を図ること

の重要性を示唆している．

　このため，都市政策の重要性はますます高まり，その充実は都市のみならず，国家的な政策課題となっているのである．

序2. 地球的規模の都市化の進展

　目を世界に転ずれば，地球的規模で大都市化が進展していることを認識させられる．国際連合によれば，1950年に25億人であった世界人口は25年後の1975年に41億人，50年後の2000年に61億人，直近の2018年には76億人に達

している．そして中位推計による将来人口は2025年に82億人，2050年に97億人とほぼ100億人に達するとされている．

表序－3　世界の人口・都市人口

（単位：億人）

	1950	1975	1980	2000	2020	2025	2030	2050
総　人　口	25	41	45	61	78	82	85	97
都 市 人 口	7.5	15.4	17.5	28.7	43.8	47.7	51.7	66.8

注：2020年以降は中位推計値
資料：国際連合「World Population Prospects 2019, Revision 1」
　　　「World Urbanization Prospects：The 2018 Revision」

この増大する人口の大部分は都市，それも発展途上国における増加であるとされている．すなわち
- 1950～1975年には増加人口16億人のうち都市人口の増加7.9億人（49.4％）
- 1975～2000年は増加人口20億人に対して都市人口増加13億人（65.0％）

であったが，これが
- 2000～2025年には増加人口21億人のうち19億人が都市人口の増加（90.5％）
- 2025～2050年に至っては15億人の人口増加に対して都市人口の増加はこれを上回る19億人（126.7％）と，さらに加速し，この結果2050年には約7割（68.9％）に当たる67億人が都市に居住するとの予測となっている．

また人口500万人以上の巨大都市は2018年において81都市存在するが，2030年には28都市増えて109都市となる予測である（表序－4）．

その内訳は1,000万人以上の超巨大都市が33から43へ，500万～1,000万人の巨大都市が48から66へとそれぞれ10都市，18都市増加すると見込まれている．前者の10都市のうち9都市，後者に新たに参入する28都市のうち23都市が発展途上国におけるものである．

このような発展途上国における急激な都市化・巨大都市化は深刻な都市問題の惹起を想起させる．加えて，この都市化は西側諸国のそれとは異なり，主要産業がないにもかかわらず都市が拡大する，すなわち，「工業化なき都市化」との指摘もあり[5]，問題はさらに深刻なものとなろう．

5

表序－4　世界の都市化動向

	都市数		人口（百万人，％）			
	2018	2030	2018		2030	
都 市 地 域	…	…	4,220	(55.3)	5,167	(60.4)
1,000 万以上	33	43	529	(6.9)	752	(8.8)
500〜1,000 万	48	66	325	(4.3)	448	(5.2)
100〜500 万	467	597	926	(12.1)	1,183	(13.8)
50〜100 万	598	710	415	(5.4)	494	(5.8)
50 万未満	…	…	2,025	(26.5)	2,291	(26.8)
非都市地域	－	－	3,413	(44.7)	3,384	(39.6)

（左端に「都市規模」の縦見出し：1,000 万以上〜50 万未満）

注：（　）内は総人口に占める割合
資料：国際連合「The World's Cities in 2018」

　すなわち，人口の急速な都市集中に対して社会資本の整備や雇用機会の提供が追いつかず，都市の過密化，住環境の悪化，交通混雑，大気や水質の汚染，疾病や貧困，市街地の無秩序な拡大などの諸問題の顕在化である．

　このように考えると，都市問題の解決や良好な都市建設，経済開発を進めるための都市政策の立案・実行は地球的視野・観点での重要な政策課題となっているのである．

序3.　本書の目的と構成

　以上のように経済・社会の活性化のためにも，また，人々の生活水準の向上のためにも，都市は重要な役割を担っている．

　したがって，都市政策の推進は，的確な達成目標を設定し，そこに至る最も適切な施策の立案・実施が追求されるべきである．しかし，都市は複雑かつダイナミックに動いている社会的有機体であり，都市政策の効果は経済学でいう連鎖的波及効果，トレードオフ，合成の誤謬などの現象が生じうる．的確な都市政策の推進には都市の動態分析の精度を上げ，政策立案の知的立脚基盤というべきものの充実が不可欠である．とりわけ，都市政策の実際を担う都市自治体の政策担当者の都市についての認識，都市分析の手法，政策の立案及び政策

効果の把握などについてのスキルの向上が極めて重要である.

　筆者は，1972年4月に大阪市に奉職し，2009年3月に退職した．その過程は「都市政策の観点」で見ると，中央に1990年の大阪市の第3次マスタープラン「大阪市総合計画21」の策定（1988～1990年）があり，それ以前の業務は総合計画策定に向けた準備過程，策定以降はその推進・実施の期間であったと総括できる.

　本書ではこの準備・策定・推進の過程を通じて，筆者が直接行ってきた都市・大阪についての調査・分析・思索，様々な計画・構想の策定の過程で得られた

- 都市のダイナミックな動きの分析
- 都市政策を立案・推進するに当たってその根拠となる基本的枠組み
- 政策が結果をもたらすメカニズム

などを整理することにより，変動を続ける都市についての政策理論の構築に僅かなりとも寄与することを目的としている.

　なお，筆者が大阪市在籍中に行った分析・思索をベースとしたものであり，当然にデータは古くなる．それにもかかわらず都市の分析手法や都市変動のメカニズム，また政策の基本方向などには時代を超えて共通するものがあると考える.

　また，当時の大阪市は人口・経済の郊外化や高次都市機能の東京集中によって都市の活性化，都市機能の充実が強く求められていた時代であった．現在でもこのような状況は継続していると考えられ，かつ同様の課題に直面している都市も少なくないと思われる.

　より的確な政策を立案するには，これまでの経験・蓄積を踏まえてこれを乗り越えていく努力が必要である．本書の試みがその理論構築の足がかり，一歩前進に少しでも寄与できるものとなっていれば幸いである.

　なお，本書の内容はいずれも筆者が直接担当した調査や分析，策定に関与した計画・構想また，発表したものをベースとしている．しかし，言うまでもなく，これらは担当部署の組織としての成果でもあることを記しておきたい.

　本書の構成は以下のとおりである.

　　第Ⅰ章：政策対象となる都市の基本的認識について考察する．そこで「社会的装置」という概念を提示する.

第Ⅱ章：人・物・情報・資金が国境を越えて活発に交流するグローバル社会化が進む中で，都市はどのように変動していくのかを考察する．「グローバル都市ネットワーク社会」また「グローバル交流財」という概念を提示する．

第Ⅲ～Ⅵ章：経済・人口・文化・ビジターという都市機能を構成する主要項目の検討を行う．各々の概念や範囲，分析・考察の枠組み，政策立案の基本的な視点，その上に立った政策の基本方向等を考察する．

第Ⅶ章：計画的都市づくりを進めるビジョンにとって重要な都市構造のあり方を考察する．そこで都市軸及び都市核という概念を導入する．また，二大都市圏である大阪と東京の「時間的機能ローテーション」仮説にも言及する．

終　章：長い歴史を経て構築されてきた「総都市化社会」の今後の行方について考察する．

(注)

(1) 以下の諸文献を参照

1) 西川俊作：『江戸時代のポリティカル・エコノミー』日評選書，（日本評論社；1979）p.9

2) 高島正憲：『経済成長の日本史』（名古屋大学出版会；2017）

3) 国土庁計画・調整局：『日本21世紀への展望―四全総長期展望作業中間とりまとめ』（1984）p.8（以下『日本21世紀への展望』と略記する）

(2) 1935年の六大都市人口（大都市統計協議会「大都市比較統計年表」）
東京；5,876（千人），大阪；2,990（千人），名古屋；1,083（千人），京都；1,081（千人），神戸；912（千人），横浜；704（千人）

(3) 国際連合：「The World's Cities in 2018」

(4) 平成の市町村大合併によって，東京都特別区部を1市と数えると，市町村数は2000年の3,230から2010年の1,728へと約1,500減少し，10～20万都市が122から157へ35都市の増加となっている．このため，この都市人口の増加（49万人）は実態より過大となっている可能性があることに注意が必要である．

(5) ジェニファー・D・シュバ：栗木さつき訳，『人類超長期予測』（ダイヤモンド社；2022）特に第6章参照

第1章

都市分析のプラットフォーム

1.1. 都市とは何か，都市をどう捉えるか

　都市政策とは「より良き都市をつくる活動」の指針となるものである．したがって，都市政策の立案に当たっては，まず都市とはそもそも何なのか，都市の本質・役割とは何かについて明確な認識を持ち，その上で都市にとってより良き方向とは何かを考察することが基本となる．

　そこで，「都市とは何か」であるが，これについては種々の定義や概念規定ができるであろう[1].

　本書では「都市政策が展開される舞台，都市政策の対象となる存在」との視点から考察を試みる．

　都市を特徴づけるのは視覚的には人々の高密度な集住と活動である．人々は様々な目的で都市に集まってくる．そして，住み，働き，学び，遊び，消費・交流するなど様々な活動を行う．すなわち，都市は人々に様々な活動の機会，自己実現の機会を提供する役割を果たしている．その人々の活動は大きく二分される．一つは生産・創造などの価値創出活動である．そして，その対価として所得や社会的評価を得る．ここには将来の所得・評価を得るための準備である教育，投資活動なども含まれる．もう一方はこの価値創出活動の結果得られた成果を活用して営まれる消費，余暇活動などの消費的・享受的活動である．

　人々はこの両面の活動を通じて，究極的には自己実現をめざしていると考えられる．都市が果たしているこのような役割を「人間活動の場」として捉えることとする．

　しかし，都市の役割はこれにとどまるものではない．序章において，「経済成長を可能としてきたのは都市の成長力であり」と述べたように（p.4），都市は経済成長の動力装置ともいうべき機能で経済社会の発展をリードする役割を

9

果たしている．

　そこで，次のように考えられる．「多くの人々の様々な活動は都市という空間で結合・連携されることにより，経済・文化・情報・人材育成などのマクロの社会的機能（都市機能）へと変換される」．つまり，都市は人間の活動を都市機能へ変換する装置なのである．

　そして，「これら多様な諸機能の集積・連結を基礎に高い生産性を発揮し，その成果を都市内のみならず広く他地域へ輸・移出，提供・発信して，市域を越えた社会の発展を先導する役割を果たす」

　このため，都市は「社会の発展を先導する社会的装置」として捉えられるのである．これらの考えを示したものが図Ⅰ-1である．

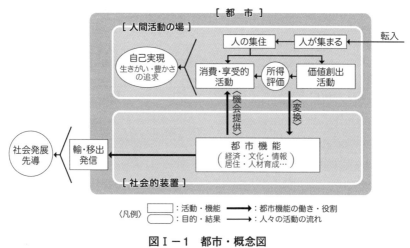

図Ⅰ-1　都市・概念図

　このような考えに基づき，都市を「人間活動の場」「社会的装置」という二側面から捉え，都市政策について考察するのが本書の基本的な視座である．

1.2. 人々の活動と都市機能の構造

　次に人々の諸活動と都市機能の内部構造及び両者の関係を見よう．人々の活動も，これが変換された都市機能も三層構造で捉えることができる．

表Ⅰ−1　人々の活動・都市機能の三層構造

人々の活動	都市機能
○自己実現活動 - 能力の開発・最大限発揮 - 社会的評価の獲得	○国際的創造・管理都市機能 - 新機軸の創出（学術・研究・芸術…） - 国際的コントロール機能 - 内外から高次人材を吸引する機能
○大都市生活 - 豊かさ・生きがいの追求 - 個性・自己表現の追求	○広域的・高次都市機能 - 巨大市場ゆえの多様な機能 - 成果を都市内外に提供・発信する機能 - 多様な活動機会を提供する機能
○日常生活 - 巨大で多様なニーズ - 生活の質の追求（安心・安全・安定・確実）	○基幹的都市機能 - 多種・多様な蓄積 - その複合で市民生活をサポート

　人々の活動の基礎にあるのは，生活していく上で必要・不可欠な労働・消費などの日常生活である．ここで求められるのは「生活の質」と考えられる．都市には多くの市民が存在することから，その活動は多様かつ大規模であることが特徴である．これを支える都市機能は「基幹的都市機能」ということができ，多様な機能が連携して大量・多様な諸活動を可能とする機会を提供している．この機能が有する大規模性・多様性・複合性が次のステップを可能とする．

　その上に大都市であるがゆえに可能となる諸活動がある．例えば，働きがいがあり所得の高い労働，大都市ゆえに享受できる芸術文化活動・教育・消費などである．ここでは人々は「生きがいと豊かさ」を追求するものと規定できよう．したがって，このレベルの都市機能は大量，多様の中から生まれる高次の労働・消費機会の提供と位置付けられる．これらの機会の存在ゆえに人々は広い範囲から都市に集まってくる．その意味でこのレベルの機能は大都市機能の中心をなすものであり，「広域的・高次都市機能」と位置付けられる．

そして，人々の活動の最上位に「自己実現」を求める活動を置く．人間は社会的動物であるから自己実現とは「各々の持てる能力・潜在力を最大限に発揮し成果を出し，社会的に評価される」こととしよう．未知の真理の解明，最先端の研究・開発活動，新しい文化・芸術・デザインなどの創造，大規模組織の管理や意思決定，社会的諸課題解決への貢献，新しい企業の創業，最上級の教育・学習などの活動である．また消費・享受の側面では，その都市であるからこそ可能な空間・時間・体験・財・サービスなどの享受が含まれる．このレベルの都市機能は，新商品・新サービス・新しい文化やライフスタイル・情報の創出などシュンペーターのいう"新機軸"をつくり出す機能，本社や団体が持つ中枢管理機能，また，国際的な諸機能などから構成されるものであり，「国際的創造・管理都市機能」と呼ぶこととする．

1.3. マクロ都市政策の基本原則[2]

以上のような考察から，都市政策の目的を「都市の持つ潜在的な可能性を最大限に発揮させる」「より良き都市をめざす」とするならば，その基本的方向は自ずと明らかとなる．

以下では，これまでの考察から導かれる都市政策展開の基本的考え方について整理する．

1.3.1. 「人間活動の場」と「社会的装置」の両立

その第1は「人間活動の場」としての都市の役割と，「社会的装置」としての都市の役割を高次のレベルで両立させることである．

都市においては，人と人との直接の連携・協力，また，その人が属する組織と組織の連携協力により効率的・創造的な価値創出活動が展開される．これこそが集積のメリットであり，都市が「社会的装置」であることの原点である．

このような集積のメリットを求めてさらに集中，集積が進むことになる．そしてそれはやがて"過密の弊害"と呼ばれる状況に至ることになる．

一方で都市は人間活動の場として快適性も具備しなければならない．その必要とされる快適性のレベルは過密の弊害が顕在化する前の段階に存在する．こ

12

のような状況の下では集中・集積を抑制する適正な成長管理や生活空間と生産空間の分離・適正配置などが求められる.

逆に,都市が成長段階を過ぎ成熟段階に入ってくると社会的装置としての機能低下が課題となる.このため,生活空間の快適性を堅持しつつ都市の生産性を高める政策,都市機能強化策が都市政策の主要課題となってくる.

このように,都市政策とは都市の発展レベルにかかわらず都市は「人間活動の場」と「社会的装置」の二つの側面を持つことから,政策の第1の基本はこの両面を可能な限り高次のレベルで両立させることといえる.

1.3.2. 社会的装置としての核心:「コンプレックス」の堅持・充実

都市の創造性の原点は機能のコンプレックスにある[3].多様な活動主体の近接立地,これらの相互依存関係の広範な連鎖,及びこれらの活動を可能とする交通や情報のネットワークの存在,このコンプレックスこそが都市が高い生産性・創造性を発揮する「社会的装置」の基礎であり,また新たな集積を呼ぶ吸引力にもなっている.人々の世代交代や産業の新陳代謝などにより都市の構成員や都市機能は変化していくが,このコンプレックス性を保持・充実していくことは都市政策の基本的な原則の一つといえる.

例えば,新しい企業の導入を図る際においても,既存の産業集積との相互連関や,都市の持つ社会共通資本(港湾・空港・大学・研究機関など)の活用,連携など都市のコンプレックスを活用すると共に,その充実にも寄与する視点を持つことが必要である.

1.3.3. 終わりなき都市選択「絶えざる都市機能の更新」

都市は過去・現在・未来の時の流れの中に存在している.その都市を活動の場として選択した人も企業も,都市を取り巻く社会も時間の流れの中で変化していく.

所得の向上と共に人々のニーズや行動様式は変化し,その結果,人々はよりゆとりを求めるようになり,消費も基礎的・必需的消費に対し選択的消費の比重が高まってくる(参考図表:第1図).

また,その都市を活動の場として選択した人々も高齢化していく.しかし,次の世代が育ってくる.その新しい世代もまた自己実現の場を求めて最適都市

の選択を行うのである.

経済・産業の面でも絶えざる技術の革新や社会のニーズの変化に対応して新しい産業が立ち上がってくる. また立地要因も変化することにより, 古い産業と入れ替わり, 都市の産業構造が変化していく.

このように, 都市はその内外の人々や企業などによって絶えざる選択の波にさらされており, 換言すれば絶えざる都市間競争の状態にあるといえる. 都市が時間の流れの中で将来にわたり「都市であり続ける」ためには現在の構成員である人や企業, また, 新たな選択を行う人・企業にとって魅力ある存在であり続けることが求められる.

このため, 社会の変化や人々のニーズの動向, 技術革新や立地要因の変化などを常に把握しつつ, 時代の要請に沿って, また, 先取りして既存機能の更新や新しい都市機能の導入を不断に行っていくことが不可欠なのである.

1.3.4. 都市の個性・アイデンティティの確立

都市は絶えざる選択の波にさらされており, 自己実現をめざして都市を選択する人々の都市に期待するレベルはますます高まっていくと考えるべきである. 都市を選択するに当たって, より広い視野で都市を選択する, 極端に言えば世界中の都市が競争相手となるのである.

そういう状況において如何にして世界中から人材を惹きつけるのか.

もちろん, 「国際的創造・管理都市機能」という自己実現を可能とする高次機能が必要である. 加えて, この都市間競争に対応するには「他都市との差別化」が求められる. その都市のみが持つ「良さ」「強み」が決定的に重要となる. 自己実現を求め, 活躍の場を求めて都市にやって来る人は, 人生を送る場としてもその都市を選択する. したがって価値創出の場, 消費・生活の場の両面でその都市を選択する「理由」が必要である. そしてその選択した結果を良かったと確信できる「理由」も必要である.

それがその都市の独自の魅力, 個性・アイデンティティというものであろう. したがって都市の利便性・快適性はもとより, 市民のホスピタリティや都市の開放性, 歴史的雰囲気や地理的特性を生かした都市づくり, 活発な文化活動などその都市らしさを生かし, かつ創造していくことがますます重要になってきているのである.

(注)

(1) 川添 登：「都市と技術」『都市政策の基礎』岩波講座現代都市政策1,（岩波書店；1972）

メソポタミアにおける都市の成立から今日の巨大都市までの都市の変遷の歴史を辿りながら都市の性格・役割の変化が総括されている.

(2) マクロ都市政策とは「社会的装置」としての都市についての政策，すなわち都市機能を対象とするという意味である．したがって貧困，格差，保健・医療などの問題は都市にとって重要な政策テーマではあるが，本書では考察の対象から除いている.

(3) J.ジェイコブズ：中江利忠／加賀谷洋一訳,『都市の原理』SD選書257,（鹿島研究所出版会；1971）（以下『都市の原理』と略記する）

「都市とは新しい仕事が古い仕事に盛んに追加されるところ」であり，都市において新しい仕事が可能になるのは「必要な財・サービスを提供するものがたくさんいて，それが利用可能であるから」とし，都市の多様な集積の重要性を指摘している.

第 II 章

グローバル社会と都市

2.1. グローバル都市ネットワーク社会と大阪

2.1.1. 21世紀はグローバル都市ネットワーク社会

　21世紀を特徴づけるものにグローバル社会の出現がある．企業活動や人々の活動が地球的規模で活発に展開され，人・物・情報・資金などが国境・時差を超えて24時間ダイナミックに交流する社会の出現である．

　そしてその交流の拠点となるのが国際都市である．したがってグローバル社会においては国際都市を結節点とする都市ネットワークが明確な形で姿を現わしてくる．このグローバルな交流ネットワークを形成する世界有数の都市群においては，人・物・情報・資金などが24時間出入し，また，高度な技術・文化・情報・ライフスタイルなどの創造・発信が行われ，その活動によって世界全体の経済・社会の発展が先導されていくことになる．

　この国際都市ネットワークには，2種類が考えられる（図II－1）．一つは地球的規模の24時間交流を担う「グローバルネットワーク」，もう一つはアメリカ，ヨーロッパ，日本・アジアなど相互緊密化を増す広域経済圏における「リージョナルネットワーク」である．

　この両ネットワークの交点となる都市こそ「国際中枢都市」と呼びうる都市である．国際中枢都市は24時間経済における時差的配置から世界の広域経済圏であるアメリカ，ヨーロッパ，アジアの主要都市により構成されるものと思われる．現時点では，ニューヨーク，ロンドン，東京がこの国際中枢都市として位置付けられるであろう[1]．

　しかし，グローバル化がさらに進展し，国際的な交流が拡大・多様化していく中でこの三極構造は多極化に向けて動いていくと考えられる．そして，このネットワークに参加できるかどうかが都市の国際的・広域的な位置付けに大き

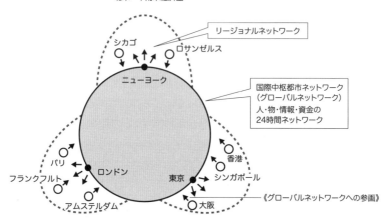

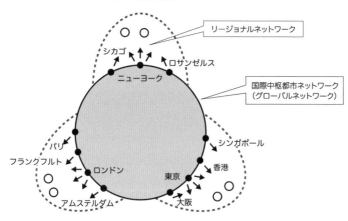

図Ⅱ-1　国際中枢都市ネットワークのイメージ

く影響することになるため，ネットワークへの参画をめざした都市の行動がますます活発化していくことになろう．

2.1.2. グローバル都市ネットワーク社会の将来展望
〈形成の二要素—グローバル交流財と受発信装置〉

　この都市ネットワークへの参画に必要なものは何か．当然のことながら一つには交流する「もの」，そして，その「もの」が交流するための装置である．

　ここで，交流する「もの」を「グローバル交流財」と呼ぶこととする[2]．つまり，グローバル交流財はその受発信装置を経由して地球的規模で流通・移動することになるが，その拠点が国際中枢都市である．グローバル都市ネット

表Ⅱ－1　グローバル交流財とその交流拠点

	交流財	創造・受発信拠点
人材・法人	・国際ビジネスパースン ・国際観光客 ・留学生，研修生 ・国際企業，多国籍企業	・国際空港 ・国際港 ・観光拠点 ・人材育成機関（大学等） ・国際企業集積エリア
物・サービス	・国際貨物 ・輸出入ビジネス ・経営管理，企業統括サービス	・国際空港，港 ・サプライチェーンの拠点 ・商社等 ・多国籍企業の経営統括拠点
文化	・デザイン ・ファッション ・芸術	・創造的人材 ・文化施設，展示発表会
知識・情報	（創造） （交流） （発信）	・大学，研究所，シンクタンク， 　国際機関，知的人材 ・国際会議，国際会議場 ・見本市，見本市会場 ・通信社，新聞社，出版社
金融・通貨	・各種金融商品 ・ファイナンス	・通貨・株式・商品等のマーケット ・再保険市場 ・銀行 ・ベンチャーキャピタル

ワークに参画するための必須条件は，交流財を自ら創造し蓄積すると共に，その受発信のための装置を具備することである．

筆者の思索の範囲でグローバル交流財の例を挙げると表Ⅱ－1のようなものが考えられる．

交流財は経済・社会のグローバル化の進展と共に新たなものが出現し，多様化すると共に，その交流量はますます拡大していくものと考えられる．そして，この新機軸の導入に成功した都市がグローバルな都市ネットワークに新たに参画してくることとなる．

2.1.3. 大阪の国際都市化戦略

筆者は1996年4月台湾・台北市政府主催の国際都市フォーラム「都市国際化策略会議」において「大阪―アジア・太平洋圏とのネットワークを通じて世界都市へ」というタイトルでスピーチを行った．以下はその講演録[3]である．これまでの分析と重複する部分もあるが，大阪市の戦略を簡潔にまとめているのでここに収録する．

(1) はじめに

大阪市の市域面積は約220km²であり，この上に約260万人の人々が住み，日々145万人の人々が通勤・通学のために流入し，また，50万人のビジターが訪れるなど活発な都市活動が展開されています．

このため大阪の都市活動は市域をはるかに越えて展開されており，その結果大阪市を中心とする半径50～60kmの地域（約7,800km²）には人口1,700万人，就業人口815万人，地域総生産（GRP）7,700億ドルの大都市圏が形成されています[4]．この地域は明治維新（1868年）後に首都が東京へ移るまで一貫して首都が置かれた地域であり，大阪も遡れば7世紀半ばの難波宮を中心に発展した「都」を起源としています．また都が奈良・京都など内陸部に移った後もベイエリアに位置する大阪はこれらの都と国内・国外を結ぶ交通網の拠点，すなわち我が国のゲートウェイとしての役割を果たし，以来，千数百年にわたり海外の優れた技術・情報・文化が流入する窓口として，またこれを基盤とした自由で活発な経済・文化のセンターとして，日本の発展をリードする重要な役割を担ってきました．

20

しかし，明治に入り，東京への遷都さらには戦時経済への移行，とりわけ1940年以降の統制経済化が進む中で，自由な企業家精神の発揮によって発展してきた経済都市・大阪から大企業の本社が除々に首都・東京へ移り，また新たな活動拠点を東京に設置するなどの動きが強まってきました．このような傾向は戦後においても中央省庁の規制と保護の政策によって継続されています．

これに対し大阪の地方政府や経済界は東京に追いつくことを目標に政策を推進してきたように思われます．例えば1964年の東京オリンピックの開催に対しては1970年の大阪万博の開催，東京経済の発展が重化学工業化によるものであるとの認識に立った大規模臨海化学コンビナートの建設などです．しかしこのような努力にもかかわらず東京一極集中は継続し，東京との格差は拡大し続けています．

(2) グローバル都市ネットワーク時代の到来

そのような中，我々の前に今新しい状況が出現しつつあります．「グローバル社会」と呼ばれる状況の出現です．これに対応して，我々はこれまでと異なった新しい発想の下に政策を展開しようとしています．それは「日本の中の大阪」という視点から「世界の中の大阪」という視点への転換です．21世紀の大阪を創造する総合計画「大阪市総合計画21」はこのような視点に立って策定されています．

この計画の中で我々は21世紀社会を性格づける最大の特徴を「グローバル社会」として捉えています．すなわち，人・物・情報・資金などが地球的規模で24時間交流し，地球全体が一つの経済圏・行動圏として一体化する社会の出現です．その中で次の二つの流れが姿を現してくると考えています．

第1は急速に成長するアジア・太平洋地域が世界の有力な発展地域となり，21世紀の世界はアメリカ，ヨーロッパ，日本・アジアなどを極とする多極化の時代を迎えることになるとの見通しです．

第2は高次な経済・文化などの諸機能が集積する都市が人・物・情報・資金の国際的な交流拠点となり，その交流を通じて最先端の技術・文化・情報・ライフスタイルなどが創造されるなど，これらの都市群の動向が世界の経済・文化・社会の発展に大きな影響力を持つグローバルな都市ネットワー

クの形成です．

　このような都市ネットワークには地球規模の24時間交流に伴う「グロー
バルネットワーク」と，アメリカ，ヨーロッパ，日本・アジアなど相互緊密
化を増す広域経済圏内の「リージョナルネットワーク」があると考えられま
す．そしてこの両ネットワークの交点となる都市こそ国際中枢都市であると
いえます．

　現在，このような都市はニューヨーク，ロンドン，東京であると思われま
すが，グローバル化がさらに進展していく中で，国際交流は質・量の両面で
ますます拡大・多様化していくものと予想され，このネットワークへの参画
に向けた都市の動きが活発になっていくものと予想しています．

(3) 大阪の国際都市化戦略

　大阪はこのような社会の出現を展望しながら，この都市ネットワークに参
加していきたいと考えています．そのためにはアジア・太平洋圏の中枢都市
となることが基本であり，もしそれが可能となれば，それがグローバル都市
ネットワーク参画への道であるとの認識を持っています．換言すれば大阪を
アジアと世界を結ぶ結節点，ゲートシティにしていくことです．

　そこで，アジア・世界の各都市と人・物・情報の直接交流を行うことが特
に重要であり，人・物・情報の交流のための国際的な「港」を整備し，国際
航空ネットワーク，国際情報通信ネットワークに参画していくことが不可欠
です．このため大阪では国，地方公共団体，民間が協力して本格的な関西
国際空港の建設を進めてきました．この新空港は大阪市の南35kmに位置し，
陸地から5km離れた海上の人工島に建設されるもので，日本初の本格的24時
間空港であり，かつ大阪都心部と二本の鉄道と二本の高速道路で直結され
30分で行ける機能性と，上海，北京，台北，ソウルなどの成長著しいアジ
アの主要都市に1〜2時間の距離にある利便性を生かしてアジア・太平洋地
域のハブ空港としての役割をめざしています．

　第1期事業が1994年9月に完成し，1999年からは4,000mの第2滑走路を
建設する第2期事業に着工します．その機能発揮により大阪はアジア・世界
と直結した交流拠点として浮上していくと思われます[5]．

　一方，国際通信ネットワークについては「国と国の交信」のレベルから「都

22

市と都市の直接交信」のレベルへと急速に移行しつつあります．これに対応して大阪港の埋め立て地に衛星通信地球局（大阪テレポート）を建設し，これを核に金融機関や商社が集積する大阪都心部をはじめ大阪圏一円に高度な通信ネットワークを構築するプロジェクトを推進中です．既に大阪テレポート基地には数個のパラボラアンテナが設置され，また大阪市と民間の共同出資会社大阪メディアポート株式会社によって光ファイバーネットワークの構築が大阪圏で既に1万kmに達しています[6]．我々はこの二つの国際的な「港」を両輪として，大阪をアジアと世界を繋ぐ経済・文化センター，情報発信センターへと発展させていく考えです．そして，これらの二つの港を活用して都市機能の拡充をめざすプロジェクトが動き始めました．

例えば

- 先物取引の発祥の地である堂島米相場の伝統を生かした「総合先物取引所構想」
- 将来産業と目される情報通信，バイオインダストリー，新素材開発産業などの先端技術開発機能の集積
- 国際見本市会場（インテックス大阪）を核としたアジア・太平洋経済圏を視野に入れた国際卸売・交易機能を担うプロジェクト
- 新美術館・舞台芸術センター・国際会議場・ユニバーサル・スタジオ・ジャパンなどの文化・集客・コンベンション都市をめざしたプロジェクト
- 2008年のオリンピック招致を目標とする各種国際競技大会の招致とそのための多様なスポーツ施設整備

などであり1995年11月に開かれたAPEC大阪会議もその具体的な成果の一つといえます．

(4) むすび

　以上が国際都市・大阪実現に向けた基本的考え方の骨子です．「大阪市総合計画21」は国際都市への戦略だけで構成されているものではありません．我々は大阪を人間活動の場にふさわしい都市に整備することをもう一つの都市政策の目標としています．

　すなわち，住環境を整え，都市アメニティの向上を図り，社会福祉制度を充実し，文化・スポーツ環境の整備を行い，鉄道・道路など生活関連都市基

盤を充実するなど市民生活の向上を図る幅広い分野のまちづくりを進めています．その意味で大阪市の都市政策の目標は，人々が快適に住み，生活することと，世界の中で重要な役割を果たす都市であることの両立です．我々はこのことを「住・職・遊という都市機能のバランスのとれた都市をつくる」と表現しています．このようなまちづくりの推進によって大阪は国際都市ネットワークを構成する一員となり，海外の諸都市と協力・連携して世界の発展と安定のために寄与していきたいと考えています．

2.2. 次のステップ：「草の根国際都市」をめざして

以上のような台北市において言及したプロジェクトはその後，着実に推進され，大阪の国際都市化，活性化に大きな役割を果たすようになってきた．

そこで，次のステップの施策として，「草の根国際都市」をめざす施策の提案を行った[7]．

ここではその概要を再掲し，台北講演と合わせて大阪市の国際都市化戦略の大枠を明らかにしたい．

2.2.1.「相互浸透」時代の到来

グローバル化がますます進展する中で，国際化のレベルも「交流」に加えて「相互浸透」と呼びうる現象が顕著になってきている．

「相互浸透」とは，人々が相互に相手の国・都市に出かけ，そこに定着し様々な活動を行う，また企業は直接投資によって本支店や工場を開設し，そこを拠点にビジネスを行うといった状況をさす概念である．

人や企業が集まり活動する場が都市であり，その活動が都市活力の源泉であるところから，多様な自己実現の機会やビジネスチャンスを求めて世界的視野で活動の場を求める人や企業を惹きつける魅力・国際競争力を大阪が持つことが重要になってきており，今後の大阪の活性化を進めるため，これらの人や企業に活動の場（＝ステージ）として大阪を選択してもらう条件整備やプロモーションを進めることが肝要である．

また，これらの諸活動と大阪に集積する都市機能とのリンケージにより，相

第Ⅱ章 グローバル社会と都市

互刺激・発展に繋げることが大切である．したがって，これらがリンクした
「草の根国際都市」が追求すべき姿であると考える．

2.2.2. 草の根国際都市に向けた幾つかの提案
(1) 提案1：大阪を草の根国際ビジネス都市に

外国企業が大阪に立地するのは当然のことながらビジネスチャンスのある
都市と考えるからである．

ビジネスの第一歩はコミュニケーションから始まることから，まず言葉の
問題を解決する必要がある．

大阪は中小企業の町である．その全ての中小企業の中に外国企業とのコ
ミュニケーションのできる人材が存在する状況をつくり出せば，外国企業に
とって大阪はビジネスのできる都市と評価され，その立地を促進する魅力に
なると考えられる．そのためには全ての中小企業の中にこういった人材を配
置していくことを目的とする人材養成機関，例えば「中小企業のための国際
ビジネス塾」といったものを設立し，計画的に人材育成を行うべきである．
イメージとしては

- 中小企業に勤務し，外国企業との対応窓口になることが期待される社員を
  対象に
- 世界語である英語で
- 世界企業である銀行や総合商社などで海外ビジネスの実務に従事した経験
  者を講師に
- グローバルなビジネススタンダードについて（理論より実践を）
- 外国企業のビジネスパースンに対しては日本語で日本のビジネス習慣など
  について

教えることにより，大阪の中小企業，及び外国企業双方のビジネスチャン
スの確保に資することをめざす．

このようなスクールで中小企業の人材育成を継続的に続けていけば，時の
経過に伴い多くの中小企業の中に国際ビジネスに対応できる人材が配置され
る状況へ持っていけると考える．

25

(2) 提案2：都市内経済特区の実現を

　大阪をはじめ日本の大都市が人・物・情報などのグローバルな交流拠点となり，また広く世界から人や企業が集まってくる国際中枢都市をめざしていくことは我が国社会の発展のために不可欠である．

　しかし，これらの実現には国際的な競争があり，その際大阪や日本の都市のネックとなるのがコストの高さと社会経済制度の自由度の問題である．我が国の現行制度は国際化への対応が遅れていると指摘されており，企業・個人の外への転出が強まる一方で，海外からの参入は相対的に制約された状況にあり，社会経済の空洞化が懸念されている．このような状況下では我が国大都市の国際都市への参画は困難を伴うと言わなければならない．これを克服するためには制度の自由化・国際化を進め，コスト面でも競争関係にあるアジアの中枢都市，例えば香港・シンガポール・上海・台北などと太刀打ちできる環境を整えていく必要がある．

　これらの条件を整えることが国土全体，都市全体では不可能な場合でも，政策的に大都市の中に条件の整った特定の地域を設定することが考えられるべきである．大阪においては

- 都心・ベイエリアなど今後の大阪発展の先導役を担うべきエリアにおいて
- 21世紀の成長産業であり，かつその発展が他産業の成長を促進するなど波及効果の大きい企業群に限って
- 税の優遇策や，外国からの人材の流入・定住についての規制を緩和し
- これらの集積をはかるにふさわしい都市基盤を優先的に整備する

などを中心とする「都市内グローバル経済特区」ともいうべきものを設定し，有為の人材の集積やグローバル企業などの立地を促進していくべきと考える．

(3) 提案3：大阪のホスピタリティの一層の向上を

　大阪市では2008年のオリンピック招致の一環として一校一国運動，一商店街一国運動を展開している[8]．これは現象的には，ある学校・商店街が特定の国の選手団を試合会場に足を運んで応援する形となる．そのために学校や商店街では当該国の文化・歴史・言葉などの学習を続けている．大阪市内には小学校は297校，中学校は129校あり，これらの全ての学校でこの運動

第Ⅱ章 グローバル社会と都市

が展開され，地域社会も協力して展開されるようになれば，大阪市域内に地球上のほとんどの国のことについて学習し，理解し，そして共感し，交流したいと思う市民や地域が出現してくることになる．

この中から将来その国の本格的研究者や通訳専門家などが生まれてくる契機にもなると考えられる．ニューヨークでは国際会議等において，いかなる言葉の通訳もすぐに見つけられるといわれており，大阪もこの運動を，世界中から人材や企業を受け入れる体制の整った草の根の国際都市へと転換・発展させていく有効な手段であると認識し，その推進に努めることが期待される．

(4) 提案4：環境の国際競争力の向上を

大都市は一定の空間に人・物・エネルギー・情報などが集中的に投入されて，新しい価値を生み出す社会的システムであるが，物質・エネルギーを高密度に消費することに伴う環境問題を常に内包している．都市は人や企業が集まり活動する場であるところから，人や企業がその活動の場として都市を選択する際には，自己実現の機会やビジネスチャンスの多様性などと共に「環境」も重要な決定要因となる．

したがって，大阪は環境の面でも世界・アジアの大都市と比較して国際競争力を持つことが必要である．そういう意味で，先進的な環境都市をめざすことも大阪を国際的な人や企業の活動のステージとしていくために欠かせない視点である．

今後，大阪にとって特に重要になってくるのは目に見えない廃棄物である「排熱」への対策であると思われる．このためこれらの発生量，大気中への拡散メカニズム，環境と調和を図る対応策などを科学的に解明し，地球温暖化やヒートアイランド現象克服のモデル都市をめざすべきである．その際，樹木の持つ大気冷却機能・清浄化機能に着目して，都市の中で確保すべき樹木の量やその計画的配置を決定するなど「環境計画都市」ともいうべきまちづくりの推進，さらには屋上緑化，透水性舗装，ビル壁面への太陽電池パネル設置，風力発電などの自然エネルギーの活用など，自然の力を最大限活用して都市の冷却を図る取組を進めるべきである．この先進的取組によって，大阪は環境面でも十分に国際競争力を持つ都市として認識されるようになる

と考える.

2.2.3. むすび

21世紀は確実に「相互浸透の時代」となろう. その本格的到来に備えて,
大阪も的確な対応を考えておくべき時期に来ており, 本稿ではそのために考え
られる方策を幾つか提案した. 時代は大きく変化しつつあり, 都市の活性化に
ついても新たな発想が求められている. 今こそ「都市の役割とは何か」につい
て再確認すると共に, 大阪を21世紀においても魅力ある都市としていくため
の方策について活発な議論が行われることを期待したい.

第Ⅱ章 グローバル社会と都市

【コラム1】大都市自治体と国際交流

　グローバル社会への急速な展開によって1980年代後半以降は国際化への対応が大都市にとって重要な政策課題となっていた．大阪市でも「大阪市総合計画21」において「世界に貢献する都市・大阪」を都市目標の2本柱の一つに掲げ，都市の国際都市化と共に，都市自治体としても国際交流を本格的に推進することとなった．

　筆者の国際化に対する基本的考え方は次のようなものである．

① 交流の主体について

　　今後の国際化社会の中では，国と国との交流に加えて，都市と都市，市民と市民の「直接交流」の重要性が高まってくる．

② 交流の形態について

　　相互訪問による「交流」から，人・企業などが海外都市に居住・進出して活動する「相互浸透」の段階へ進んでいく．

③ 交流の目的について

　　「友好・親善，相互理解」を目的とする段階から，「相互の協力による相互発展」をめざす段階，さらには相手都市の発展・安定に寄与する「貢献」の段階へと進化していく．

　このような考え方を持つに至ったのは，大島靖市長（在任期間：1971/12～1987/12）の影響が大きいと考えている．

　大島市長は大阪がその地理的条件により古く難波津の時代から，常に我が国の海外に開かれた交流の窓口であり，人・物・情報の交流拠点として役割を担ってきた都市であるとの認識の下，国際化が進む21世紀において，大阪にとってこの国際化への対応が極めて重要であるとの信念を持っておられた．このため21世紀の人・物・情報の交流の港となる国際空港，それも，機能を十分発揮するために不可欠な「公害のない本格的な24時間空港（現関西国際空港）」の早期実現と，それと連動して大阪を国際都市へと発展させるための取組に力を注いでおられた．

　国際都市をめざす都市・大阪の自治体として，都市と都市，市民と市民の直接交流を推進するための機構として1987年に「財団法人（現公益財団法人）大阪国際交流センター」が設立された．

　また，都市化が急速に進む発展途上国に対して，大阪が経験し，蓄積してきた都市問題の解決や都市建設・都市運営のノウハウを提供することにより，健全な都市づくりに貢献することは大都市の責務であるとし，積極的な都市技術交流・提供に努められた．そのため，「大阪市都市工学情報センター」が市の内部組織と

29

して設置され，その後（1991年）財団法人として独立し活動することとなった．このセンターでは大阪市の都市分析，都市建設・運営など都市づくり全般についての情報の整理・蓄積を行うと共に，2人の「大使」を海外に常時派遣し，種々の都市関連国際会議への出席や各都市とのネットワークの構築を図り，幅広く最新の知識・情報を収集し，その知見をとりわけ発展途上国の都市づくりに提供することを目的とするものであった．

現在，国際交流センターは市民・都市交流の拠点として機能を発揮し，また「相互浸透」により大阪市在住の外国人が増加する中で，情報提供や相互理解のための活動を続けている．さらにはアジア諸国との共通の都市課題についてのシンポジウム開催等により世界への貢献活動を着実に続けている．

また，2012年からは関西財界により1990年に設立された「（公益財団法人）太平洋人材交流センター（PREX）」が国際交流センター内に入居し活動している．

PREXはアジア・太平洋地域を中心とする開発途上国の将来を担う人材，行政官・留学生などを関西の企業・団体で受け入れて研修し，人材育成に貢献すると共に，人材育成事業を通じた国際交流により相互理解の促進を目的として活動している．事業報告によれば，これまでに（2024年2月現在）157か国・地域から19,695人の研修員を受け入れ，民間主導で重要な国際貢献活動が行われている．そのため，関西企業とアジアの企業の間に信頼のネットワークが形成されつつある．

国際交流センターの建物は現在，国際交流センターとPREXを核に都市交流と国際貢献の拠点としての役割を発揮するに至っている．

一方，「世界に貢献する」との高い志を掲げた都市工学情報センターは大阪市の外郭団体統廃合の結果，2013年に解散となった．「世界に貢献することは先進国大都市の使命」とするかどうかは自治体のトップマネジメントの問題意識による．

今後も人間居住・活動の主要な場として都市の役割は一層高まっていく．このため，発展途上国の都市づくりに貢献していくことの重要性は高まることはあっても低下することはないであろう．

加えて，大阪市を含む先進国の大都市もまた様々な新たな課題に直面している．「手本なき時代」である現代においては，これらの諸都市がそれぞれの知見を交換することにより，より良き解決策を見出す努力を続けることが非常に重要であり，その都市ネットワークに積極的に参画することは大阪市にとっても極めて有益なことと考える．

その意味で筆者は，都市工学情報センターは「都市工学，都市政策情報」というグローバル交流財の受発信基地となり，国際都市・大阪の構築に重要な役割を果すものと確信していた．その果たそうとした役割の重要性が再認識される日が来ることを期待し，今後の展開を見守りたい．

（注）

(1) 「グローバル都市ネットワーク社会はリージョナルネットワークの中心都市によって
　　構築される」点に着目することが重要である．換言すれば，リージョナルネットワー
　　クの中心都市になり得た都市のみがグローバルネットワークを形成する都市の資格を
　　得るということである．

(2) ここで「財」とは財貨（物）だけでなく，グローバルに交流する人や法人，また無形
　　のサービス，知的資産，機能，金融などを含む広い概念として用いる．

(3) Kenichi Nagata: "Osaka-towards a world city through networking with the rest of
　　Asia and the Pacific" *Conference on Strategies for an International City*（International
　　City Forum；1996）pp.257-266

(4) 大阪都市圏については，「第Ⅶ章　都市構造の変遷と再構築」参照．

(5) 関西国際空港第2期工事は1999年に着工され，2007年8月に完成した．

(6) 大阪市，道路公団，電力・ガス・商社などの民間企業の合弁事業として1985年に発足
　　した．その後，2003年11月に電力系通信会社と合併し，完全民営化された．

(7) 都市未来研究会（永田兼一）：「21世紀の活力ある大都市・大阪の創造」『市政研究131
　　号』（大阪市政調査会，2001）

(8) 大阪市は2008年夏季オリンピックの招致活動に取組んだ．結果は北京が開催都市とな
　　り，招致には至らなかった．

第III章

都市と経済
―経済のダイナミクスと都市―

3.1. はじめに

　「第I章　都市分析のプラットフォーム」で見たように，都市は様々な要素が結合され財やサービス，文化，情報などの創造活動が展開される社会的装置である．したがって，都市の経済が発展を続けている間は都市も拡大・成長を続ける．成長期にある都市にとって経済の発展は所与と見なされ，都市の政策当局（都市自治体）が経済活動の内容や規模について政策的誘導を試みるという考えは希薄になるであろう．

　実際，大阪市の都市政策遂行の基本となる総合計画を見ると，1967年2月に策定された「大阪市総合計画/基本構想1990」（第1次マスタープラン）は，急速に拡大を続ける経済活動に対してこれを受け入れ可能とするためのボトルネックの解消や，西日本の中枢都市として機能するために必要な道路・鉄道・再開発など近代的都市づくりを急速に進める計画としての性格を色濃く持っていた．

　また，第2次マスタープラン：「大阪市総合計画1990」（1978年3月策定）では，近代的都市づくりをめざす前計画の骨格を引き継ぎつつ，急速な経済成長に伴って出現してきた様々な"ひずみ"に対する対応，すなわち公害問題への対処，急速な人口集中に対して遅れ気味の生活基盤の整備，都市コミュニティの維持・回復など市民生活向上のための諸政策が主要テーマであった．

　都市経済が力強く発展を続ける中では経済活性化策すなわち，都市の経済について発展方向を示し，発展を刺激し，また構造変化を促すなどの視点は少なくとも主要な検討テーマとはなっていなかったといえるであろう（参考図表：

第1表「大阪市の総合計画（1次～3次）」）．

　このような背景には都市経済の発展が自律的で順調であったことに加え，自由主義経済機構の中で都市自治体が経済活動について将来方向を示し，誘導することの是非・妥当性の問題もあったように思われる．

　しかし，順調に拡大してきた大阪市の経済・産業活動は1970年頃を境に大きな転換点を迎えることとなった．市内で働く就業者数の増加傾向に急ブレーキがかかり，その後はボックス圏で推移するに至ったからである（表Ⅲ-1）．

　経済成長と都市成長がパラレルで進んでいた状況からの基調変化であり，大きな影響が予測された．都市経済の成長は雇用の増加，所得水準の向上，生活水準の向上などをもたらす一方，種々の混雑問題，環境問題などの都市問題を惹起する．逆に経済停滞は都市・地域活力の低下，人口吸引力の低下，失業問題，貧困など経済成長期とは別次元の都市問題を発現すると想定されたからで

表Ⅲ-1　大阪市の昼間就業者数（産業別）の推移

（単位：1,000人，％）

	1960	1965	1970	1975	1980	1985	1990
総　　　数	1,908	2,290	2,358	2,323	2,266	2,331	2,455
	（…）	（20.0）	（3.0）	（△1.5）	（△2.5）	（2.9）	（5.3）
第1次産業	8	6	4	3	3	2	2
第2次産業	878	990	953	858	767	734	756
鉱　　　業	1	1	0	0	0	0	0
建　設　業	120	171	186	191	182	182	199
製　造　業	757	818	767	667	584	553	557
第3次産業	1,020	1,293	1,398	1,454	1,493	1,558	1,677
卸・小売業	508	654	709	722	730	760	733
金融・保険業	79	115	123	108	109	112	122
不　動　産　業				34	34	38	53
運輸・通信業	154	192	190	181	174	171	169
電気・ガス・水道業	13	14	13	15	16	15	15
サービス業	225	273	314	341	382	444	536
公　　　務	41	45	49	51	49	49	49

注：1）（　）は5年間の増減率
　　2）△はマイナスを表す，特別に記載あるものを除き，以下同じ
資料：総務省「国勢調査」

ある.

　以上のように，都市経済の動向は都市の盛衰や主要な都市問題の出現と密接にリンクしていることから，総合的都市政策の中で，都市の経済についてどのようなスタンスで臨むのかを明確にしておくことが必要である．経済活動は市場機構に基づき運営されることを原則としているので，都市の経済・産業政策は誘導的・間接的なものとなるが，自由主義経済圏に経済計画があり，また自由な土地利用を原則としつつ都市計画が存在するように，自由な経済活動を前提としつつも都市経済のビジョン・政策が考えられるべきであろう．

　つまり，経済の成長期にはこれを制御し，逆に停滞期・転換期には活性化・構造転換を図る誘導的政策が都市政策の見地から取られる必要があると考える.

3.2. 都市経済分析のフレームワーク

　有効な政策を取るには都市経済がいかなるものか，その本質の把握がまず必要である．このため，都市経済の循環過程を明らかにし，機能構造の考察を通じてその実態に接近する．

3.2.1. 都市における経済循環

　大都市の経済活動を如何に認識するかという問題であるが，ここでは青木昌彦氏の考え方を基に確認・整理しよう[1].

　　都市の経済主体としては，経済学においてそうであるように① 家計（市民），② 事業所（企業），③ 自治体（都市政府）とする．もちろん他にも経済主体は存在するが，重要度・考察の本質を考慮して以上の3経済主体とする．

　　さらに，都市の経済システムは極めて開放的なものであり，都市内の各主体は市域外の経済主体・制度とも密接な関係を築いている．

　これらの経済関係を表したものが図Ⅲ－1である．

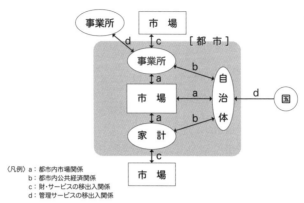

出所：青木昌彦「都市経営と経済理論」『岩波講座現代都市政策Ⅳ，都市の経営』（岩波書店；1973）p.58を参考に作成

図Ⅲ-1　都市経済の主体と諸関係

図Ⅲ-1は各主体が次のような活動を行っていることを示している．
① 家計（市民）
- 市場を通して，事業所（企業）・自治体（都市政府）に労働用役を提供し，その対価として賃金を受け取る「a」
- 事業所が生産する財・サービスを購入する「a，c」
- 自治体に税を納め，自治体が提供する公共サービスを享受する「b」
② 事業所（企業）
- 市場を介して他企業が生産する製品（原材料・技術・情報・資本財など）及び家計が提供する労働用役を調達して生産を行う「a，c」
- 生産した財・サービスを販売する「a，c」
- 自治体に税を納め，その提供する公共サービスを受け取る「b」
- 市域外にある支店・事業所に管理サービスを提供し，また本社から情報・サービスなどを受け取る「d」
③自治体（都市政府）
- 家計及び事業所から税を徴収し，社会資本の整備や公共サービスの提供を行う「b」
- 市場で労働・財貨・サービスを購入する「a」
- 中央政府から情報を受け取る「d」

第Ⅲ章 都市と経済─経済のダイナミクスと都市─

これらが円滑に機能し，循環しているときは都市経済が一つの均衡状態にあると見なせるであろう．

ここで家計，自治体による「a，c」が増加すればケインズの乗数効果により所得の拡大が，またレオンチェフの産業連関効果により産出額の増加が図られ，都市経済は新たな均衡状態に移行することとなる．都市経済の成長である．

これらは生産関数，投入係数一定の下での経済の量的拡大である．

3.2.2. 都市経済の動学的循環

都市経済の発展にはもう一つのルートがある．生産関数，投入係数などの変化を伴う革新・イノベーションによるものである．

このイノベーションこそ都市経済を新たな次元へと進化させる主因であり，都市がイノベーションの苗床であることが都市経済の重要性を一層高めている．

J. ジェイコブズは，財貨やサービスが効率的に生産されることよりも，次々と輸出産業が出てくる，また，次々と輸入置換が行われること，すなわち新しい企業・経済活動の出現が都市発展の原動力と考えている[2]．

J. シュンペーターは，イノベーションは新しい財貨の生産，新しい生産方式の導入，新しい販路の拡大，新しい原材料の獲得，新しい組織の実現などの企業者による新結合によってもたらされるとする[3]．

基本は企業者による企業や家計の潜在的ニーズに応える新しい製品の開発・提供によって新しい市場が創造され，都市経済のフロンティアが拡大され，経済は新たな均衡点に向かう．それには潜在的ニーズに応えるための独創的アイディアや創意工夫，財・サービス開発のための新技術，必要な新経済資本などが必須とされる．これらが存在・集積する場こそ都市なのであり，その意味でイノベーションは都市集積の利益，集積の動学的利益と呼んでいいものである．そこで図Ⅲ－2を提示する．

この図が表しているのは次のような過程である．

① 新企業が誕生する．この時点では@管理機能と⑥実行機能は一体である．

② 企業は成長し本社@と事業所⑥が分離する．

③ 企業はさらに成長し，事業所拡張の必要性が生じるが，市域内での土地入手が困難であることや，経営上の戦略から市域外に新事業所（実行部門）を設ける．

37

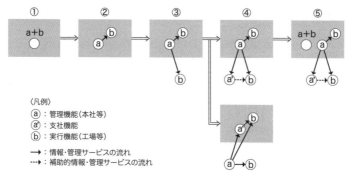

図Ⅲ-2　都市経済の動学的循環

④　地域外の実行機能の拡大に伴い，これを管理支援する管理機能ⓐの一部が市外に移転する．その際二つのパターンが考えられる．
　　（④-1）都市内に本社ⓐが残り成長を続けていくケース
　　（④-2）本社機能も市域外へ移転し，都市内の本社は実質的に支社機能を果たすようになるケース
　　都市経済にとって望ましいものはもちろん（④-1）である．
⑤　新たな企業が誕生する．
　このように次々と新企業が生まれ，また移植されてそれらが成長する循環が連続していくことが持続的な都市経済発展の源であるといえる．都市にとって新企業が次々と生まれ成長し，そして本社機能を保持しつつさらに成長していくことが望ましい．このような動学的循環を可能とする環境整備が必要である．

3.2.3. 都市経済の機能構造

　図Ⅲ-1及び図Ⅲ-2で大都市経済の循環を描写したが，次に大都市の経済機能を立体的に捉えてみよう．
　「第Ⅰ章　都市分析のプラットフォーム」において都市の機能を三層構造で示したが（p.11），主要な都市機能である経済機能も同様の枠組みによる考察が可能と考える．都市における経済活動は図Ⅲ-3の〈B〉と〈C〉の領域に大別できよう．
　〈B〉は財やサービスを生産・創造する活動やそのための投資的活動の領域であり，〈C〉は〈B〉で創造された財・サービスを消費・享受する活動領域である．

第Ⅲ章 都市と経済—経済のダイナミクスと都市—

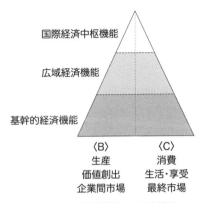

図Ⅲ-3 経済機能の三層構造

各々の活動は基幹的経済機能，広域（国土）経済機能，国際経済中枢機能という三層のレベルで構成されると考えられる．

(1) 基幹的経済機能

都市経済の土台を基幹的経済機能と呼ぶ．この機能は都市内の事業所や家計を対象とするものであり図Ⅲ-1における「a」で表した取引機能である．

都市には高度な専門性を有する多様な企業群が集積し，相互に取引，連携・協力，競争を行いながら活発な活動を展開し，多様な財・サービスが創造・生産されている．これらの財・サービスは市内の企業に提供され，都市内には密接な相互依存・寄与のネットワークが構築されている．また，これらの財・サービスは都市住民の多様なニーズに応え，安定かつ豊かな生活を支える基盤となっている．

したがって，基幹的経済機能は
- 都市内立地企業の高密度な集積とそれらの間のネットワーク
- 多様な財・サービスの効率的生産・創造
- 安定した都市生活のサポート

などの機能で構成される．

また，この都市市場は巨大かつ多様であり，かつ常に新しいもの，より良きものを先駆的に求める「アーリーアダプター」の役割を果たすため，
- 新たな企業の都市内参入を促す「集積が集積を呼ぶ効果」

• 新しい企業の誕生，新商品・新技術などの開発を可能とする「イノベーションの苗床」の基礎となるものである．

(2) 広域（国土）経済機能

都市の経済は都市内のネットワークにとどまらず，市域外の諸機能との密接な連携の下で営まれており，広域経済機能とは，都市経済が市域外の経済主体との関係で果たしている機能である．

都市は社会的装置として社会全体の発展や安定に重要な役割を果たすのであるが，その中心はこの広域経済機能といえる．

図Ⅲ–1における「c」及び「d」，そして図Ⅲ–2で示したイノベーション機能がこれに相当すると考える．

第1は都市の高い生産性の下で生産され競争力を持つ多様な財・サービスの輸・移出である．これにより市域外企業との相互依存・相互発展の関係形成や，ファッション，文化・医療・教育などの高度で多様な財・サービスの市域外住民への提供による生活の質向上への寄与である．

第2は管理・オーガナイズ機能である．これには同一組織内での管理・オーガナイズサービスの輸・移出と，多数の経済主体を連結させる機能とが考えられる．前者は大企業の本社機能が典型であり，広範囲に展開する事業所群を共通の目的に向かって機能させる管理・運営機能である．後者は市域外の企業を含めた高度に専門化された異業種を含む企業群をネットワーク化し，コンソーシアム化して共通の目的の達成のために先導していく機能である．総合商社や総合建設会社，大規模組立型製造業，知識・情報サービス業などが担っている機能である．

第3はイノベーション機能である．多様な集積及びその多様な結合により都市はイノベーションの苗床となっていることは既に述べた．このイノベーションは都市経済に革新をもたらし，都市が社会発展をリードするための原動力となる最重要機能といえよう．

(3) 国際経済中枢機能

国際経済中枢機能は都市経済が海外の市場や企業，都市との間で果たす機能・役割である．

第Ⅲ章│都市と経済—経済のダイナミクスと都市—

　図Ⅲ−1でいえば「c」のうち海外市場への財・サービスの輸出入，「d」のうち多国籍企業，世界展開企業の海外との管理サービスの輸出入などがこれに相当する．また「第Ⅱ章　グローバル社会と都市」で述べた「グローバル交流財」の交流がここに含まれよう．

　それらの機能を整理すると

〈B〉領域では

- 国際的な金融・通商・物流機能
- 企業のグローバルコントロール，国際的なオーガナイズ機能
- 国際会議，国際見本市，デザイン・ファッションの展示・発表会などのビジネス情報の交流機能
- 国際的レベルの知識・情報創造，高度人材育成などの機能

〈C〉領域では

- 高次消費財の輸出，国際的な観光・消費機能，文化・芸術・スポーツなどの国際集客機能

などであろう．

　このような重要な国際経済機能は，既述のように国際都市ネットワークを形成する国際中枢都市が担っていく．そしてグローバル化の進展と共に，グローバル交流財は多様化し，交流量は拡大して，都市経済にとって海外との経済関係の重要性はますます高まっていくこととなる．

　これらの創造・交流・蓄積のための装置・機能を意図的・計画的に充実する取組が重要となる．

3.3. 都市経済ビジョンの策定に向けて

　大都市経済の将来の姿を描くには，第1に，前節の考察で明らかにした大都市経済の特質，すなわち，都市経済が本来有している特質や持つことが望ましい特質を，さらに強化・充実していく方向で検討することが基本となる．

　第2に経済進化の方向を見極めることが不可欠である．経済は短期的には好況期そして停滞期を繰り返しながらも，長期的には確実に構造変化を続けていく．ポスト産業資本主義，脱工業化社会，知識・情報社会への移行が進む大き

41

な経済の転換期にあっては，この進化の方向を見極めることが将来展望にとって極めて重要となる．

　第3に当該都市が有する資産・特質を最大限に生かす視点が大切である．都市はその歴史の過程で様々なソフト・ハードの蓄積を積み重ねてきている．これら都市が蓄積してきた資産を将来に向けて活用する視点を持つことで，経済ビジョンはその都市にふさわしいものとなり，その結果，達成可能性も高まることになるからである[4]．

(1) 視点1：都市経済の特質堅持

　これまでの考察から都市経済の特質は次のようにまとめられる．

① 多様性（高度な専門性を持つ多様な企業の集積：マルチストラクチャー）

　様々な産業の集積が大都市経済の第1の特徴である．多様な財・サービスを生産する多様な企業群の存在である．また，このような業種の多様性にとどまらず，一つの業種の中でも様々なプロセスごとに専門性を持つ企業群が存在し，都市経済は高度な多様性の上に成立している．

② 複合性（多様な企業のネットワーク：コンプレックス）

　これら多様な業種が，また専門化した企業が近接して立地し，取引・情報交換など相互に密接に連結して機能している．その複合性が集積のメリットを創り出している．

③ 高い生産性・効率性

　各々の持つ専門性や特技の組合せにより質の高い財・サービスが効率的に生み出され，都市経済は高い生産性・効率性を発揮している．しかし，この特質は市外立地の大規模量産工場が担うようになってきている．

④ 創造性・革新性

　多様な接触・交流・組合せの中から新しいアイディアや技術が生まれ，新商品が開発され，またそれを受け入れるアーリーアダプター機能により，イノベーションの成果が社会に実装され，新しいフロンティアが開拓されていく．集積の動学的利益と呼んだものである．

第Ⅲ章 都市と経済—経済のダイナミクスと都市—

⑤ 中枢性

企業活動の範囲が広がり，また規模が拡大していく中で，管理部門と実行部門が分離し，都市は管理中枢部門の立地拠点としての性格を強めることとなる．企業のコントロール機能，経営戦略・企画・決定機能や，多様な経済集積を活用してその連結による経済活動を先導するオーガナイズ機能などである．

⑥ 都市：外部経済効果を持つ経済装置

これら経済活動が行われる空間である都市自体が備えている機能・特質であり，その核心は高度な外部経済効果である．都市は巨大かつ先進的な市場，空港・港湾・鉄道・道路などの充実した経済インフラ，必要な人材，これらの育成や知識の源泉を担う大学・研究機関，資金調達のための金融機関や金融・資本市場，会計・法務など企業の経営活動をサポートする機能等を備えた空間となっている[5]．

都市経済の将来展望をする際には，以上のような都市経済の特質を堅持・強化していく視点が基本となる．

(2) 視点2：都市経済進化方向の見極め

経済活動の一つの特徴は短期的には常に変動しつつも，長期的には進化を続けていくことである．市場や社会のニーズの変化に対応した試み，発明・発見の成果や新技術・新アイディアの経済活動への投入によって経済のフロンティアは常に変貌・拡大を続けている．都市経済の進むべき方向を明らかにするためには，この産業経済の動いていく方向を的確に見極めることが不可欠となる．

図Ⅲ－3で都市の経済機能を三層構造で示した．したがって，都市経済の進化方向は当然に上方への展開と考えられる．そこで上方展開する推進力は何かということが課題となる．

自由主義経済の下では，企業とは利潤を求める存在である．また雇用機会の提供や従業員の福祉向上，生活水準の向上や社会進歩への寄与，さらには，コーポレートシチズンとしての社会貢献活動などの重要な担い手でもある．ただ，その基礎となるのは適切な利潤の確保である．利潤を生み出す

43

企業は成長し，社会貢献活動も可能となる．逆に，生み出し得ない企業は縮小，さらには退場を余儀なくされる．このようにして都市経済の構造は絶えず変化していく．

都市経済政策の目標は，利潤を上げられる企業，厳密に言えば高付加価値（利潤＋雇用者報酬）を生み出す企業を確保することにあるといえる．

利潤の源泉については，岩井克人氏による明快な分析[6]があり，その説も参考に企業の付加価値実現活動と三層構造の上方展開の関係から都市経済のめざす方向を展望することとする．これを示したのが図Ⅲ-4である．

三層構造の最上位に国際経済中枢機能を位置付けたが，市場の開拓，原材料の輸入，生産拠点の配置，人材の確保，企業間の提携などを地球的視野で展開し，様々な価値体系を持つ地域を組み入れたネットワークを構築すること，すなわち「グローバル化」は現代において高付加価値を生み出す一つの方向である．このような活動領域は急拡大しており，これら活動の拠点となる都市には企業の管理・コントロール機能，オーガナイズ機能，また企業の世界展開をサポートする金融・通商・情報・各種サービスなどの諸機能が立地する．このためグローバル化の追求は都市経済にとって戦略の一つといえる．

高付加価値を実現する方法の第2は知識・情報社会における付加価値創造である．研究を通じた知識の獲得，独創的アイディアの創出，新技術の開発，これらを活用した新製品や新サービスの開発及びその市場投入によるフロンティアの開拓である．このような知識・情報化，先端技術化による経済進化は「インテリジェント化」と呼べるであろう．

第3に情緒価値・感性価値の創造による付加価値の実現がある．

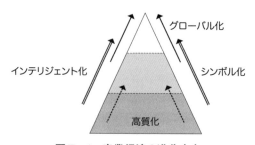

図Ⅲ-4　産業経済の進化方向

第Ⅲ章｜都市と経済—経済のダイナミクスと都市—

　日下公人氏は「商品は商品の本来的機能と文化的・情緒充足機能の二つの側面を持つ．そして，所得の向上により，消費支出の今後の増加分は，必需部分に向けられるのは，値上がり相当分にとどまり，残りは文化的満足のための文化，及び文化的記号の購入，情緒的な満足のための支出に向かう」とする[7]．

　このような社会においては，デザイン，芸術・文化，ファッション，ブランド力などが付加価値創出の重要な資源となる．これら資源を活用した情緒価値・感性価値の創造による付加価値実現の行動を，知識・情報化による「インテリジェント化」に対し「シンボル化」と呼ぶ．これに先駆的に対応していくことは都市経済が担うべき重要な役割といえる[8]．

　第4に商品の本来的機能としての品質・性能・耐久性・安全性，また使いやすさなどの追求による絶対的な信頼感，満足度の獲得による高付加価値の実現がある．アフターサービス等のレベルも重要である．これは「高質化」と呼べるものであろう．

　そして，都市経済が持続可能であるためには，このような上方展開が継続して進行していくことが重要なのであり，そのため「都市経済の動学的循環」（p.37参照）が不可欠となる．新しい企業が次々と生まれ，立地し，成長することにより都市経済の基幹的機能が涵養される，すなわち，「クリエイティブ化」が都市経済進化の基礎となるのである．

　一方，競争やニーズの変化により，既存の商品やサービスは常に「コモディティ化」「陳腐化」の波に洗われている．これにより市場の要請に応えられなくなるか，また差異を保てなくなったビジネスは市場から退場を余儀なくされることとなる．

　以上のように，「コモディティ化・陳腐化」の波を乗り越え，都市経済を前進させていくには「グローバル化」「インテリジェント化」「シンボル化」「高質化」及び「クリエイティブ化」の努力を続けていくことが必要であると考える．

(3) 視点3：各都市の個性・独自性を生かす

　「視点1」では都市経済の特質をまとめたが，各都市はこの都市経済の特質と共に，各都市独自の経済的資産を有している．前者を「大都市性」とす

45

るならば，後者は「個性・独自性」と呼べるものである．

　都市経済の将来を考察する上では，「大都市性」を追求すると共に，各都市がこれまでの活動の結果蓄積してきているもの，独自性・個性を生かす視点を持つことが大切である．

　そのことにより政策ビジョンは，その都市にふさわしく，地に足がついたものになり，政策の効果が既存の経済集積に波及し，より効果的なものになると期待されるからである．

　このような考え方に基づき，以下では将来に生かしていくべきと考える大阪の個性・独自性について簡潔に言及する．

〈幾多の変革期を乗り越えて発展してきた経済金融都市：商都〉

　江戸時代，大坂は「天下の台所」として「天下の貨七分は浪華にあり，浪華の貨七分は舟中にあり」といわれるほどの繁栄を誇り，江戸が政治・消費文化都市としての性格を色濃く持っていたのに対し，商業・金融・流通都市としての地位を確立し，以来大阪はこの「商都」としての性格を脈々と受け継いできている．

　明治以降の近代化・産業化の過程でも民間主導で西洋の新技術を積極的に導入し，我が国産業革命の発祥地となり，またアジア諸国への輸出基地となるなど近代化・工業化の先駆的都市として第2次世界大戦前には工業化社会の都市として絶頂期を迎えたのである[9]．

　第2次世界大戦時，及び戦後も続いた「戦時経済体制」[10]の下では政治が経済をリードする契機となり，経済の比重が首都・東京へ移っていくこととなったが，大阪は民間主体の創意工夫・チャレンジ精神の発揮により，西日本の経済中枢として重要な役割を果たし続けている．

　このような歩みを通じて都市・大阪の性格が形作られ，経済都市：商都としての性格を色濃く持つ都市として今日に至っている．

〈経済運営のための先駆的な諸制度の創設・先駆的導入〉

　大阪は商都また近代的商工業都市として機能する過程で様々な諸経済制度を生み出し，また先駆的に導入して今日に至っている．

　近世における先物取引や為替両替・手形流通制度の創始など金融資本取引の発祥の地であり[11]，加工問屋など問屋組織の創出，また近代化の過程における証券取引所や商法会議所の創設，株式会社制度の導入，見本市や貿易

第Ⅲ章 都市と経済—経済のダイナミクスと都市—

商社の設立，近代的港湾など先駆的な諸制度・資本が整備されてきた．

「昭和12年（1937）頃を境に[12]」，比重が東京に移った現在でもその伝統は生き続けている．

そして，これらの蓄積を現在に生かしていく試みも続けられている．金融取引における本格的な総合先物取引所実現の取組などである．大阪は次の経済飛躍のための経済社会資本を完備，もしくはすぐにでも用意できる地力を備えているといえる．

〈創意工夫と企業家精神に溢れた経済人材の存在〉

大阪が商都，また近代的商工業都市に成り得たのは，企業家精神溢れる人の存在があった．武光誠氏は次のように述べている[13]．

「江戸時代の日本の経済は発展を遂げた．その発展を支えたのが大坂商人と呼ばれるビジネス集団である．彼らは権力に頼ることなく自身の才覚によって商売をおこした．つまり，イノベーションを基本思想としていたのである．現代風にいえば多数の起業家が出た」

また近代への転換期においても商都としての風土が五代友厚，藤田伝三郎などの多くの先覚者を惹きつけ，また住友・鴻池などの商家も近代的企業集団へと転換を遂げ，大阪は近代商工業都市への転換に成功したのである．その後も松下幸之助，鳥井信治郎，小林一三など企業家精神溢れる人材の活躍があって，大阪は戦前までに工業化の絶頂期を迎えることとなった．

戦後においても多くの新製品・新商品を生み出している[14]．マーケットが何を求めているかを逸早く見つけ，それを形にして新しい市場をつくり出していく．大阪の持つこの創意工夫と企業家精神旺盛な人材の存在は将来への貴重な資産といえるであろう．とりわけ先進国の経済発展は新たなフロンティアの開拓によってのみ実現されるといっても過言ではなく，インテリジェント化やシンボル化の持つ役割がますます高まる中では，決定的に重要となる．

〈アジア地域とのネットワークの拠点〉

地理的な近接性もあって大阪はアジア地域と密接な交流関係を構築してきた．古くは奈良・京都が首都の時代，大阪は「難波津」という国際港を擁

47

し，朝鮮半島・中国大陸はじめアジア各地域との人・物・情報の交流拠点としての役割を担い，その交流ルートは遠くシルクロードに繋がっていた．

天下の台所の時代においても，大坂に入ってくる商品には長崎を経由して入ってくる多くの輸入品が含まれていた[15]．

近代においても「港」としてアジア市場への輸出拠点としての役割を担ってきた．

このような関係が現在でも引き継がれており，「21世紀はアジアの世紀」と呼ばれる中にあって，大阪が国際経済都市をめざしていく上で大きな資産になると思われる．

以上，大阪経済の特質として4項目を挙げたが，大阪で次代に生かすべき資産はこれらにとどまるものではない．各都市は各々が持つ自前の資産を洗い出し，常に「管理」し，そして生かす視点を持つことが，その都市にふさわしい経済産業の将来の姿を浮かび上がらせるために不可欠といえる．

3.4. 欧米都市経済の旅・1980

都市の経済ビジョン・政策の考察を続けている過程で，筆者は海外諸都市の経済政策を調査研究するスタディツアーの機会を得た．1980年3月から7月のことである．

日本の諸都市より逸早く脱工業化のプロセスに移行しつつあった欧米諸都市が，将来に向けてどのような経済をめざして活性化策を講じつつあるのかを調査するためであった．

その報告を「大阪経済活性化の諸方策」として取りまとめた[16]．時期的には古いものになるが，当時の各都市の政策担当者が「脱工業化」「サービス経済化」「国際化」などが急速に進む中で，どのようなことを実際に模索していたのかを知る上で貴重と考えられるので，ここに収録する．（なお，以下の内容は大阪市の経済ビジョン・産業政策立案の参考にするとの視点からまとめたものであり，各都市の都市政策や経済政策を学術的・専門的に研究したものではないことをお断りしておく）

第Ⅲ章 都市と経済―経済のダイナミクスと都市―

3.4.1. ピッツバーグ：ルネッサンス・シティ

(1) ピッツバーグ経済の動向

〈離日直前の新聞〉

　1980年4月13日，私は小雨のピッツバーグにあった．アレゲニー川とモノンガヒラ川がピッツパークの中心部で合流してオハイオ川となるが，このアレゲニー川とモノンガヒラ川に囲まれた地域が通称「ゴールデントライアングル」であり，同市の中枢部を形成している．私はここにあるアリス通りに面したパブリックセイフビルの一室でピッツバーグ市都市計画局の経済開発計画官エヴァン・スタダード氏と面談していた．

　「ピッツバーグと大阪の経済状況はとてもよく似ていますね」．彼は私が先に提出していた大阪経済の現状に関する資料を見ながらこう話し始めた．

　私はそれまでサンフランシスコ，シアトル，シカゴ，フィラデルフィアを回りその後ニューヨーク州の州都アルバニーに向かう予定であった．しかしフィラデルフィアの滞在予定を切り上げてピッツバーグを訪問することにしたのは，離日直前のある新聞に次のような趣旨の記事が掲載され私の興味を引いていたからであった．それは，

　「かつてピッツバーグは鉄の町として栄えたが，公害問題のため経済活動が大きく阻害されることになり，街は衰退した．そこで環境を重視した産業政策の導入によって産業構造の転換に成功し，経済活動が再び活発化してきている．大阪も見習うべきである」

　そこで私は，どのような政策によりピッツバーグの産業構造が都市型へ変わってきたのか，それを調べるためにやって来たのである．

〈工業の中心地から衰退へ〉

― ピッツバーグは衰退問題に直面していると聞いていますが，そこからお話しください ―

　「ピッツバーグは経済的に見て大きな問題に直面しているのは事実です．ピッツバーグは19世紀の後半から20世紀の前半にかけて鉄鋼・機械・繊維・ガラスといった基礎資材生産の米国における中心地として重要な役割を果たしていました．それを可能にしたのは交通路としての川の存在とペンシルベニアが石炭の産地であったこと，アメリカ東部・西部間交通の要衝であったこと，さらにカーネギー，メロンといった経済リーダーが存在したこ

49

となどが作用しています.

　しかし，1930年代以後，世界恐慌の影響，地域の混雑・高密度化，工場の老朽化によって，ピッツバーグ経済の成長は終わり，成熟の段階に達しました．このため，工業部門におけるピッツバーグの重要性は低下し，1950年代には経済的衰退の時期を迎えることになりました」

── どうして経済の新たな動向に対応できなかったのでしょうか ──

　「新しい投資先としてピッツバーグは魅力のある都市ではありませんでした．企業は投資先として土地・労働力の安いところを選びました．そのような場所も高速道路を中心とした交通網の充実が進み，これに応えることができるようになっていました．このためピッツバーグのような古い都市は新しい工業を導入することによって，新たな時代に対応するポテンシャルを有しえなかったのです．このため人口は1950年をピークに減少していますし，市内の雇用は1967年をピークに減少してきています」（表Ⅲ－2）.

表Ⅲ－2－1　ピッツバーグ市の人口動向

（人）

	アレゲニー・カウンティ	ピッツバーグ市
1920	1,185,808	588,343
1930	1,374,410	669,817
1940	1,411,439	671,659
1950	1,515,237	676,809
1960	1,628,587	604,332
1970	1,605,133	520,117
1980	1,516,561*	424,000

注：＊は予測値
資料：ピッツバーグ市資料

表Ⅲ－2－2　ピッツバーグ市の雇用動向

（千人）

1967	288
1970	280
1972	260
1975	256
1976	255
1977	262
1978	265

資料：表Ⅲ－2－1に同じ

── これに対してどのような対応がなされたのですか ──

　「1960年代にルネッサンス計画が立てられ，それによって長期にわたる都市の再開発プログラムが決定され事業が行われてきました．これによって，かつてのスモッグによって汚れた街をつくり直そうとしたのです．道路・橋・公園・オフィスビル・スタジアム・シビックセンターなどが完成し，そ

れが本社機能，高度の学術文化施設を有する美しい都市へとピッツバーグを変えたのです」

― それはどのような効果・影響を経済に与えたのですか ―

「この間，重工業，特に景気循環に敏感で，環境負荷の大きい重工業の流出を伴いました．しかし，逆に技術・サービス関連の産業が成長することになりました」

― もう少し詳しく教えてください ―

「工場は流出しました．大学・学校・病院などの雇用，本社等の都心活動に対する対事業所サービスなどが増加しました．しかし，全体では雇用の流出の方が大きかったので，それは人口の減少とさらには小売業の減少を引き起こしたのです」

そこで私は日本で読んだ新聞の内容を説明して尋ねた．

― そのような産業構造の転換は政策の転換に基づいているのですか ―

彼は一瞬訝しげな顔をして答え始めた．

「産業構造が今述べてきたように大きく転換してきたことは事実です．しかし，それが政策によるものであったということに対しては"NO"と言えます」こう答えて彼は先ほど述べたことを繰り返し話すのであった．すなわち工業が減少した理由は政策によるのではなく，ピッツバーグの工業が新しい技術の導入を果たせず，古い体質のままであったこと，そして新しい投資は土地・労働力の安い地域で行われたということ，また教育文化施設をつくったがそれによる雇用の増加は第3次産業の雇用増の全てではないこと，そして小売・卸売の減も工業を中心とした雇用減による人口減少や，地価・賃金の上昇によるものであることなどから，産業政策の転換に基づくものではないと答えたのである．

この点について，後でもう一度確かめたのであるがやはり答えは同じであった．

しかし，よく考えてみるとルネッサンス計画というのは道路・橋・オフィスビルの整備，学術文化施設の整備を行うという意味で経済の外部条件の整備であるといえよう．これは直接的な産業の誘致を行うわけではないが，間接的には第3次産業を中心とした経済活動を吸引する誘因になっていることは間違いないと思われる．

そこで私は話題を変えて，経済衰退がもたらす問題点について聞いてみた．すると彼は「第1に財政収入の伸び悩み，第2に人口減少とそのため放棄された家屋を取り壊し，その跡地を整備する問題，第3に失業問題があります」と答えた．

　ピッツバーグの人口は1950年をピークに減少を続けている．これは工業を中心とする雇用の減少による部分と郊外化による部分があると考えられるが，大きな問題となっている．特に人口減少が著しいのは中心部の外の地域，いわゆるインナー地域であり，そこでは家屋が放棄され荒れ果てているため，これを取り壊し跡地に芝生を植えたりすることが市の仕事となっているようである．

　失業については雇用の減が人口の減少を伴っており，経済活動の停滞がそのまま失業率の上昇に繋がってはいないということであった．このあたりが他の大都市例えばニューヨークあたりと大きく違うところであろう．しかし，ティーンエイジャーの失業率はそれでも30〜35％に達しており，大きな問題となっていることは他都市と同じであった．

〈新たな動向〉

　このように続いてきた雇用の減少も，1976年を底に僅かずつではあるが回復傾向にあるようである．そこで私は最近の市経済の状況について聞いてみた．すると彼はまず"tremendous office demand"と言った．

　現在ピッツバーグ市内，特にダウンタウンにおいては，オフィス用のビルはほぼ100％利用されており，オフィスに対する需要は極めて大であるとのことであった．そのため，従来倉庫・工場・小売店などとして利用していた建物を事務所ビルに改造して対応することが盛んに行われていた．例えば倉庫であったものを住宅用に改造する計画を急遽オフィス用に改造することになった例を彼は幾つか挙げた．

　彼が挙げた市経済の最近の特徴の第2は専門的職業，すなわち管理職・技術者・教育者，本社勤務者などの増加が目立つとのことであった．

　これらと工業の減少からピッツバーグの経済には大きな脱工業化・サービス経済化の波が押し寄せているということができよう．

第Ⅲ章｜都市と経済─経済のダイナミクスと都市─

(2) ピッツバーグ経済の将来

　そこで，彼がピッツバーグ経済の将来についてどのような見通しを持っているのかについて聞いてみた．

　― ピッツバーグは将来どのような経済的役割を果たしていくのでしょうか ―

　「まず第1の役割は本社所在地として機能していくことです」

　彼によれば，ピッツバーグはニューヨーク，シカゴに次ぐ第3の本社所在都市であるとのことであった．USスティールの本社があることは知っていたが，他の本社については知らなかった．しかし，事実この都市にはほかにもウェスティングハウス，メロン銀行，アルコア，ガルフオイル，ハインツ，ロックウェルインターナショナルといった「フォーチュン500」の中の14社が本社を置いているなど，多くの大会社の本社が立地しているのである（表Ⅲ-3）．

　彼はこのような本社機能を大事にしていくことが市経済にとって第1の基本であると言った．

　「第2の役割は都市圏全体に対するサービスセンターとして機能していく

表Ⅲ-3　ピッツバーグ市内に本社を有する主要企業

Allegheny Ludlum Industries.Inc	Fisher Scientific Company	Pittsburgh National Bank
Aluminum Company of America	Gulf Oil Corporation	Pittsburgh-Des Moines Steel
Ampco-Pittsburgh Corp	H. J. Heinz Company	PPG Industries. Inc
Consolidated Natural Gas	Jones & Laughlin Steel Corp	H. K. Porter Company. Inc
Consolidation Coal Company	Joy Manufacturing Company	Rockwell International Corporation
Copperweld Corp	Koppers Company. Inc	H. H. Robertson
Cyclops Corp	Mellon Bank. N. A.	Ryan Homes
Dravo Corporation	Mesta Machine Company	United States Steel Corporation
Duquesne Light Company	Mine Safety Appliances Company	Westinghouse Air Brake Company
Equibank N. A.	National Steel Corporation	Westinghouse Electric Corporation
Equitable Gas Company	Peoples Natural Gas	Wheeling-Pittsburgh Steel Corporation

資料：表Ⅲ-2-1に同じ

ことです」．これは都市圏の中心都市として当然のことである．この市はアレゲニー・カウンティの中にあり，市域外はこのカウンティが産業誘致政策を行っている．それはやはり工業の誘致が主であった．これら市域外の製造業に対する部品供給や専門的・技術的サービスの提供はやはり中心都市が果たさなければならないので，この役割は将来とも変わらないであろう．これは人材が中心都市に存在していることと，周辺から市部へのアクセスがすこぶる良いということに依存していると彼は考えていた．

　「第3の役割は高度な専門的サービスセンターとして機能していくことです．一つは大学・研究所・学校などによる高度学術・専門サービスの提供です．市東部のオークランドには，ピッツバーグ大学やカーネギーメロン大学といった学術研究所群があるのでこれを充実していかなければなりません．

　このほか，高級レストラン・高級小売店といったものは中心市でなければ存在できないものであり，これも充実していかなければなりません」

　私は第1の役割について大阪の本社機能が東京へ移転しつつあることを念頭に聞いてみた．

― 本社が他都市へ移動することはありませんか ―

　「ありません．日本は国土が狭いのでセンターが二つ存在できるのかどうかわかりませんが，アメリカは広大なのでニューヨーク，シカゴ，ワシントン，ピッツバーグといったように幾つものセンターが存在することが可能となっており，これらの都市間で本社機能の集中傾向は生じていません．ご承知のように本社の最大集積都市ニューヨークからの転出があるほどですから」

　彼らにとっては大阪から東京への本社機能の移動の方が不思議なのであろう．しかし，私には人口約50万人の都市に，これほどの数の大企業の本社が存在し，これまでの衰退期においても他へ本社を移さなかったことが我が大阪と非常に対照的であったので，市が産業政策として何らかの方策を講じているのかどうかについて聞くこととした．

(3) ピッツバーグの産業政策

　彼によると市の経済政策として，まず第1に市と産業界との間に密接な関係の構築があるとのことである．これは種々の産業の労使からなる「市開発

委員会」と「総合経済開発プログラム委員会」が設立されていて，市が経済開発事業を行う際,助言することができるようになっている．また，都市計画局が市産業への便宜のため市の全計画を調整するために設けられている．このほかにも例えばUSスティールがダウンタウンの再開発を行う際に，市の職員が計画プロセスに参加するなど，官民の協力体制が出来上がっているとのことであった．このようにして市と産業界が密接な関係を保っていることが本社機能の流出が起こっていない一つの要因であるのかもしれない．

　第2の政策はダウンタウンの整備である．ピッツバーグにとって本社機能は極めて重要であり，これらの立地にふさわしい環境とするため，種々の都市整備が行われている．

　ゴールデントライアングル地区においては
- 歴史的建築物のファサードの修復
- ストリートファニチャー・標識の統一
- 都心部交通の改善と道路の整備
- マーケットストリート地区の再開発
- グランドストリート・東地区の再開発

などが行われている．

　さらに，市東部のオークランド地区は研究所地区となっており，今後成長が期待される地区である．市はオークランドの将来性を考え「オークランドdirection会社」，ピッツバーグ大学，大学医療センターなどに資金を提供し，またプロジェクトに参画しているとのことである．

　このような政策のほか，市では
- 開発可能な土地・建物を見つけて会社に斡旋
- 古くて使われていない工場用地・商業用地の再整備（例：strip district, east libertyなどの空間整備）
- 新しい産業の導入，既存産業の投資を促すための金融措置
- 労働力の質向上のための研修

といったことも併せて行っている．

〈やらねばならぬ〉

　私はピッツバーグ市の産業・経済開発政策を聞いた後，彼の「市経済の転換は政策によるものではない」という先程の言葉を意識しながら質問した．

55

― そのような政策は経済にどのような効果をもたらすのでしょうか ―

　「我々の政策はまだ始まって間もありません．そのためそれがどのような効果をもたらしているか評価できるところまではいっていません．しかし，何かやらなくてはならないのです．そしてなすべきと考えていることをやっているのです」

　帰国後，私はピッツバーグの1980年国勢調査結果に接したが，それによると人口は相変わらず減少を続けているが，雇用は工業の減少を第3次産業の増加が相殺して増加に転じている．これも彼が言う「tremendous office demand」の結果なのであろう．

［追記］ピッツバーグと大阪

　彼は私との会談の後，ゴールデントライアングルを案内してくれた．以下はそのときの印象，考えたことを記す．
① 　ピッツバーグ都市圏の交通網はゴールデントライアングルを中心とした放射型となっている．このため都心部は周辺から極めてアプローチしやすくなっている．彼はこの点がピッツバーグ経済の将来すなわち本社機能，高度専門サービス業，郊外に対するサービス業の所在地にとって有利であることを認識しており，「決して環状交通網は造らない」と言っていた．一点集中型交通体系からのメリットを最大限に享受しようというわけである．
② 　ルネッサンス計画に基づく再開発により，ダウンタウンの表情は近代的情報都市としてのそれへと変貌してきている．さらに，オフィス需要に対応して倉庫等をオフィスに改造するリノベーションが盛んに行われていて，この街はリノベーションの街であるとの印象を受けた．モノンガヒラ川の対岸にあるステーションスクエアはかつての駅舎を改造して高級ショッピングセンターにしたものであった．彼によれば市内における最も高価なレストランもこの中にあるとのことであり，多くの人を集めていた．

3.4.2. ロンドン：インターナショナル・シティ

ニューヨークを発ってロンドンに向かったのは4月25日であった．ロンドンは薄曇りだったが，ヒースロー空港からビクトリアターミナルに向かうバスの

第Ⅲ章 | 都市と経済—経済のダイナミクスと都市—

中から見る風景はのどかで，道路の両側には中学の教科書にあったあの懐かしい「セミ・デタッチド・ハウス」が現実にあり，桜が満開でしっとりとした空気に包まれていた．

(1) 英国の地域政策

〈stop and go〉

　英国はもちろん産業革命の発祥地であり，第1次世界大戦前までは最大の経済大国であったのだが，今では米国・日本・西独などの台頭によって大幅にその地位を低下させてきている．英国経済の成長が穏やかであったのは，何といっても国際競争力の低下に基づく国際収支の天井の低さに原因があった．

　つまり，景気刺激策を取る（go）と，輸入が急増して，国際収支の天井が低いため急速に国際収支が悪化して引き締め政策（stop）を取らざるを得なくなる．これによって輸入が落ち着き，国際収支が改善され，景気刺激策が取れるようになる（go）といったように，景気刺激策と引き締め政策を交互に取らざるを得なかったことが，成長が長続きしなかった主因であった．その根本には，いわゆる英国病というのがあるのだが．

　しかし，近年における北海油田の開発は，英国の国際収支の天井を引き上げるのに大きく寄与している．そしてサッチャー首相の下，民間活力を発揮させることによって経済の再建を行う「サッチャーの実験」が進行中であった．

〈地域政策〉

　このような英国経済の苦境は特にかつての産業革命をリードしてきた古い工業地帯，リバプール，グラスゴー，ニューカッスルといった地域において著しく，そのためこれらの地域は衰退を続けてきた．

　一方，サウス・イースト地域特にロンドンは，このような経済的苦境にもかかわらず成長を続けてきた．このため国の地域政策はロンドンの過大化を抑え，衰退地域の活性化を図ることを中心に進められていた．

　すなわち，一定規模以上の工場・事務所の新増設には工業開発許可証（Industrial Development Certificate, 以下IDC）と事務所開設許可（Office Development Permit, ODP）が必要とされ，同時に補助対象地域（Assisted Areas, 以下AAs）[17] の指定が行われ，これらの地域での工場・オフィスの建設を促進するため地域開発補助金など種々の特典が与えられ，国土の均衡

57

ある発展を図ろうとしてきたのである.

一方,ロンドン地域についてはロンドンの過大化を抑制し,混雑の緩和を図るためロンドン郊外に八つのニュータウンを建設すると共に,イクスパンディングタウン(拡張都市)政策が取られてきた.

〈転換期〉

以上のような「(ロンドンを中心とする)South East地域から地方へ」「ロンドンからニュータウン,イクスパンディングタウンへ」という二つのルートでロンドンの抑制が図られ,この結果ロンドンの人口は1939年をピークに減少に転じ(図Ⅲ-5),また雇用者数も1966年をピークに減少するに至った(表Ⅲ-4).

このため1976年に環境省より公認された「大ロンドン開発計画(GLDP)」はこのような大都市抑制策を成功(successful)であったと評価すると共

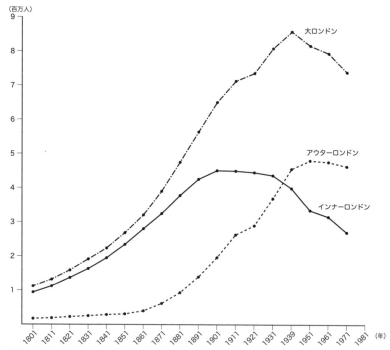

資料:Annual Abstract of Greater London Statistics

図Ⅲ-5　大ロンドンの人口推移

第Ⅲ章｜都市と経済—経済のダイナミクスと都市—

に，その成功の結果ロンドンに大きな問題が生じていることを指摘している．ただ，その計画の中では，「アウターロンドン，ニュータウン，イクスパンディングタウンの重視方針は不変である」との考えであった．

しかし，このような分散政策は大都市の衰退という過大化・過密化とは逆の都市問題を発生させるに至り，分散政策の見直しが行われるようになったのである．

〈Inner Urban Areas Act〉

このような政策転換の第一歩となったのが1978年に制定されたInner Urban Areas法である．環境省はニュータウン政策を推進し，ロンドンをはじめとする既成市街地の抑制策を取ってきた．しかし，インナーシティ問題の発生に伴って，ニュータウン建設から既成市街地の再生という方向に政策の重点を移すことになった．

この法律は

① 大臣によって指定されたインナーアーバンエリアにおいて既に営業している企業，ここへ移転しようとするもの，ここで事業を始めようとするものが

② 拡大したり，土地・建物を改善したり

③ また，その企業を援助することがその地域の雇用に貢献する

と考えられるときに，補助金や融資が受けられる制度である．

その内容は

① その地域のインナーシティに便益を与える事業の土地・建物購入，建物の建設に対する融資

② 共有・共同企業設立に対する融資，また補助金の提供

③ 地方自治体が改善地区を指定し，その地区の企業が

　ア）植樹，建物の取り壊し，駐車スペースの増設など地域のアメニティ向上を図る事業を行うときに融資及び補助金が与えられ，また，

　イ）工業用・商業用の建物の改善，建物の工業・商業用への転用を行う際に補助金が与えられる

というものである．

〈地域工業政策の変更〉

政策転換の第2は地域工業政策の変更である．産業省は既述のように補助

59

対象地域（AAs）への投資を促進するため種々の特典を与えてきたが，1979年7月17日，この制度をより効果のあるものとし，より選択的とするため大々的な変更を発表した．

　その骨子は，経済の活性化を図るためには民間活力の再生が不可欠であり，そのため，なるべく政府の介入・規制を撤廃し，経済活動を自由に行えるようにするとの考え方の下で

　①　現行の補助対象地域の縮小

　②　地域開発補助金の削減，他の金融措置の適用条件の厳格化

　③　IDCを必要とする条件の緩和

といった内容となっている．

　①については，AAsに現在雇用の40％が存在しているが，これが25％程度となるよう1979年7月18日，1980年8月1日，1982年8月1日の3回に分けて縮小する．

　その際，環境の変化に応じて，格付けを動かすこととし，若干の地域については格上げするが，多数の地域においては1ランクずつ下げることを原則とする．そのため現在の中間地域（Intermediate Areas : IAs）は原則として政策対象地域から除外されることとなった．

　②については，原則として

　• Special Development Areas（SDAs）については補助率不変

　• Development Areas（DAs）については現在の20％から15％へ

　• Intermediate Areas（IAs）については廃止

というものであった．

　当時補助対象となりうるのはプラント・機械類は100ポンド以上のもの，建物は1,000ポンド以上のものであったが，それぞれ500ポンド，5,000ポンド以上へと最低限が引き上げられた．

　③については，産業に対する政府のコントロールを緩和するとの視点から廃止が検討されたが，大規模なプロジェクトを認識する上で有用であるとの考え方から存続となった．

　しかし，IAsについては不要となったほか，補助対象地域以外（non-AAs）についても50,000平方フィート以下については不要となるなど大きく緩和された．（それまでは12,500平方フィート）

〈Enterprise Zone〉

　経済的・物的衰退の著しい地域における500エーカーまでの小地域6地域の「企業化ゾーン」において，税の減免と行政介入の除去によって工業・商業といった私企業の経済活動がどの程度活性化するかについて検討するため，1980年3月26日に「エンタープライズゾーン構想」が政府より発表された．

　その手段としては

① 　工業用・商業用建物の建設のための支出について100％の資本引き当て
② 　開発土地税の免除
③ 　不動産に関する税率の減免
④ 　計画手続きの簡素化
⑤ 　IDCの不要化
⑥ 　政府の統計情報提供要求を最低限に抑制

などが考えられていた．

　また，エンタープライズゾーンとしては当時，1980年末までに第1次の指定がなされることとなっており，その候補地としてロンドンのドックランド等が挙げられていた．

　以上のように英国の地域政策は「South Eastから地方へ」「既成市街地から郊外へ」という大都市抑制策の流れが大きく転換しつつあった．

　これもロンドンをはじめとする英国の都市の苦悩ぶりを表すものであろう．

(2) ロンドン経済の現状と都市問題

　4月29日，私はテームズ川に面したGLC（Greater London Council）[18]の本部カウンティホールでウェスリット，ウィリアムソン両氏と会見した．2人とも明治維新や明治時代を知る温厚な英国紳士であった．

〈ロンドン経済の現状〉

　私はロンドン経済の現状を聞くことから始めた．

── まずロンドン経済の現状について説明してください ──

　「大ロンドンは英国全土の約1％の面積を占めるに過ぎませんが，人口は13％，GDP（国内総生産）は16％を占めるなど英国経済の中で圧倒的な重

要性を有しています．特に国際金融・観光などの「見えざる収入」，本社機能，政治機能の集中には著しいものがあります．

　産業構造的に見ると工業部門のウエイトが低く，サービス部門が強いという特徴があり，これはサービス経済化の方向に適応した形といえるでしょう．また，工業部門においてもロンドン工業は他地域に比べてエレクトロニクス工業等の高度技術産業，印刷などの情報産業，食品・医療機器などの都市型産業といったものが強く，逆に衰退しつつある重工業は持たないこと，工業部門の本社機能が集中していることなど極めて良好な産業構造を有しているといえます」

　以上のようにロンドン経済は少なくとも国内他地域に比べて何も弱点はないということである．これは大阪経済の問題，すなわちサービス経済化の流れにもかかわらずサービス業のウエイトが低く，さらに質的問題を抱えていること，工業は成長率の低い素材型工業が多いなど構造的問題を抱えていることと比較すれば大いに異なっているところである．

― もしそうであるならばロンドン経済は成長していてもおかしくないはずですね ―

　「そのとおりです．しかし，ロンドン経済のウエイトは低下してきています．例えばGDPに占める割合は1971年の17.1％から1977年の15.5％へと，また雇用は1961年の440万人から1976年の380万人へと15年間に13％減少しています．特に工業の低下は著しく140万人から80万人へと43％も減少しています（表Ⅲ－4）．

　このことから，ロンドン経済のウエイト低下の主因は工業の不振にあるといえます．この原因の一つはロンドン工業の国際競争力の低下です．

　しかし，さらにその構造を見ると（表Ⅲ－5），ロンドン工業の減少は工場が他地域へ移動した結果によるものではなく，大部分が（生－死）すなわち開業が少なく，廃業が多いことに起因しています．

　このことからロンドンにおける工業の衰退は，工業の閉鎖を促進し新規導入を阻害する多くの要因があるためといえます」

〈ロンドン経済の制約要因〉

― そのような閉鎖を促進し，導入を阻害する要因としてはどのようなことが考えられますか ―

第Ⅲ章 | 都市と経済—経済のダイナミクスと都市—

表Ⅲ-4 大ロンドンの雇用動向

(単位：1,000 人)

	1961	1966	1971	1976
工業	1,429	1,309	1,093	827
建設業	274	305	250	223
公益及び交通	505	514	484	430
商業	651	640	548	515
金融及び事業所サービス	324	379	379	400
公共サービス	558	616	673	764
他のサービス	609	631	595	611
農業及び鉱業	11	11	10	12
その他の産業	25	25	52	60
計	4,386	4,430	4,084	3,847

資料：Annual Abstract of Greater London Statistics

表Ⅲ-5 大ロンドンにおける工業雇用の減少要因

	雇用減少（人）	構成比（%）
援助地域への移動による雇用減少	36,200	9
ニュータウン・イクスパンディングタウンへの移動による雇用減少	26,000	7
無計画的な移動による雇用減少	43,100	11
開業と閉鎖との差による雇用減少	170,300	44
20 人以下の工場の雇用減少	26,000	7
その他規模縮小	88,500	23
計	390,100	100

資料：Robert Dennis "The Decline of Manufacturing Employment in Greater London: 1966-74"
Urban Studies Vol 15, no 1 (1978)

　「まず第1に工場の開発規制があります．第2に新たな発展地域の生産・住環境が優れていること，第3に補助対象地域（AAs）における政策金融，第4にロンドンにおける高コスト体質などが考えられます」
　かつてロンドンの過大化・過密化を阻止するため，立地規制やニュータウン政策によるロンドン抑制策が取られてきたことは「英国の地域政策」で述べたが，このような諸政策がロンドン経済の活性化を阻害しているのであ

る．そこでこのような政策をGLCがどのように評価しているか聞いてみた．

「このような政策は効果があり，目的を達するという意味で成功だったと思います．その結果，混雑はかつてほどひどくなくなりました．今後はロンドンの混雑緩和というこれまでの目的とは別のゴールに向かっていく必要があると考えています」

つまり，ロンドン当局としてはニュータウン政策や地域政策を転換し，ロンドンにおける経済開発を進めるべきであるとの考え方へ変わってきている．その理由としてはロンドンの経済活動を阻害することは国民経済の発展を阻害するという側面が強いこと，またロンドンにおいて失業等の問題が発生してきているためである．そこで私は―ロンドン経済の不振はどのような問題をもたらしているのでしょうか―と聞いてみた．

「第1にインナーシティの問題です．ロンドンを中央ロンドン，インナーロンドン，アウターロンドンの3地域に分けて考えますと，最も成長しているのはアウターロンドンです．この地域には広い土地があり，高速道路・空港の存在のため交通条件が良いこと，さらに熟練労働者を集めやすいなどの特色があり，大規模工場の立地に適しています．このため工場と都心との間にウエストロンドン工業ベルトが形成されつつあるなど成長を続けています．中央ロンドンは金融・貿易・取引などサービス部門に適しています．近年の交通・通信の発達が，サービスのうちルーティーンサービスの分散立地を可能にし，これにロンドンの高コストが加わって，クライドン，西ロンドンといったアウターロンドンにこれらのサービス業が移動しつつあります．これは中央ロンドンの混雑緩和に大きく寄与しており，ロンドンに新たな発展の余地をつくり出しつつあります．

一方，インナーロンドンは小ロット生産，中央ロンドンの業務・消費市場を目的とした生産に適しています．しかし，これらの活動には高度の技術・技能が要求されます．インナーロンドンは生産の場としては環境が悪いこと，未熟練労働者が集中しているため中央ロンドンに近接しているというメリットを生かしきっていません．そのため失業率が極めて高くなっています．このためロンドン経済の問題点はインナーロンドン地域に集中しているといえます」（表Ⅲ－6）

64

第Ⅲ章 都市と経済—経済のダイナミクスと都市—

表Ⅲ-6 地域別の雇用動向

(単位：1,000 人)

	中央ロンドン		インナーロンドン		アウターロンドン		計	
	1961	1971	1961	1971	1961	1971	1961	1971
工業	309	221	415	279	705	593	1,429	1,093
建設業	56	38	103	85	115	127	274	250
公益及び交通	179	163	165	131	161	190	505	484
商業	208	149	208	159	235	240	651	548
金融及び事業所サービス	235	252	44	45	45	82	324	379
公共サービス	165	187	164	195	229	291	558	673
他のサービス	240	231	175	159	194	205	609	595
農業・その他	10	9	8	29	18	24	36	62
計	1,402	1,250	1,282	1,082	1,702	1,752	4,386	4,084

資料：表Ⅲ-4に同じ

(3) ロンドン経済の活性化に向けて

〈活性化に向けた政策〉

— ロンドンの経済課題をどのようにお考えですか —

「第1はロンドン経済の成長を少なくともSouth East地域，できれば国民経済のレベルまで引き上げること，第2はインナーロンドンの労働資源を需要に適用できるように改善することです．このため公共の政策としては

① 企業の導入

② 労働・土地などの生産要素の質的向上の援助

③ ロンドンの環境・労働を企業の要求と調和させることによる企業の立地促進等があります」

— そのような観点から政府における地域政策等の変更をどう評価されますか —

「ロンドン経済の停滞はロンドン固有の条件と，種々の政策の結果であることは述べたとおりで，ロンドン経済の活性化のためには制限を大幅に緩和する必要があります．このため最近のInner Urban Areas法の制定，ニュータウン建設のスローダウンは良い方向であるといえます．しかし，インナーシティ問題に直面しているのはインナーシティ全体であり，これらの対象地域が特定の地域に限られているという意味で未だ不十分といえます．IDCに関する変更は許可証が廃止されなかったという点では不十分ですが，その内

65

容は評価できると思います」

— その他政府に期待するものはありませんか —

「第1に職業訓練の充実，第2に地方自治体がもっと経済活性化策を取れるような資金の充実，規制の緩和などをやって欲しい」

そこで私はGLCとしてどのような経済活性化策を取ろうとしているのか尋ねた．

「GLCの経済政策は従来から行ってきた公共サービスに経済活動を活性化する視点を導入するものと，さらに新しく考えられた空間整備という政策からなっています」

GLCの経済政策をまとめると，

① 従来からある公共サービスに経済活性化の視点を導入したもの

ア）交通…交通条件は経済活動水準にかなりのインパクトを持つので，公共交通サービスについては通勤手段，道路については経済インフラ，交通管理については物流の円滑化といった視点を導入して改善する．

イ）住宅…住宅は労働力の質と量に大きな影響力を持つので，それぞれの地域において要求される労働需要の質に応じて供給される必要がある．

ウ）土地利用…土地のゾーニングは新たな事態に対して柔軟に対応できるものでなくてはならない．特に低経済成長の下ではどこで経済開発が行われるかを決めるのはプランナーでなくて「機会」であるべきである．

エ）教育…特に若年層に「機会」にマッチした技術を身に付けさせるように教育システムを充実する．

オ）公共支出…支出契約を結ぶ際に「域内に所在している」との条項を入れる．

② 新たな政策

ア）ロンドンは工業・商業用の土地が不足しているわけではない．特にインナーロンドンにおいてはそうである．しかし，これらは小区画で企業のニーズに応えられていない．環境，インフラストラクチャーを整備していけば，その立地条件からポテンシャルは上がる

であろう．そこでGLCがこれらを購入・整備して，中小企業に貸し付けや売却を行う．一部実施中である．

　　イ）会社が開業したり拡張したりする際，ローン，信用保証，業務サービスを提供することによって援助する．限られた範囲で既に実験中である．

〈成熟の時代を超えて〉

— そのような政策を取ることによってロンドン経済の地位向上を図れると予測されますか —

　「ロンドン経済の地位の低下はトレンドであり，短期的には止めることは難しいと考えられます」

　確かに以上の説明を受けた範囲ではロンドン経済を上昇させていく力は乏しいと思われる．そこで私はさらに聞いた．

— 人口・雇用の減少についてはどうお考えですか —

　答えは「トレンドであるから仕方がない」というものであった．つまり彼らは人口・雇用について量的回復を図ろうとしているのではないのである．例えば人口の場合，5世帯住んでいる古い住宅があったとする．彼らの政策はこれを3世帯居住用に改造しようというのである．同じ住宅に住む世帯数が5から3に減るので人口は減少するのであるが，世帯の居住水準は向上すると共に，住環境も向上する．つまり彼らの政策は量から質へと移っているのである．これは我が大阪市が人口300万人，雇用290万人という目標を持っていることと比較すると私にとっては非常な驚きであった．

　もっとも彼らは大阪市がこのような目標を持っていることを羨ましがった．これがあれば，これをゴールとして政策を順次決定していけると考えているようであった．

　いずれにしてもロンドンは完全に質の時代に入っている．そういう意味で本当の成熟段階にある．

　しかし，この成熟段階から抜け出して新しい発展プロセスに乗るにはブレイク・スルーが必要なのであるが，ロンドンにはそのような考え方があまり明確でないように思われた．ただ，新たな対応をあえて聞いた私の質問にウィリアムソン氏が「テクノロジーパーク構想」があると答えた．しかしそれはあくまで構想で現時点では内容はないということであった．

工業化社会の先駆的都市ロンドンは成熟段階に達してかなりの年月を経ている．現在の「質」重視の政策の後，ロンドンは再び新たな発展プロセスに乗ることができるのであろうか．私には今後とも注視する必要があると思われた．

[追記] ブレイク・スルー

サッチャー政権は民間の活力を解放することによって経済再生をめざす方針を取り，強力な規制緩和やプロジェクトへの民間活力の積極的導入に務めた．ロンドン経済に影響を与えたものとしてはドックランドの再開発と金融ビッグバンが双璧であろう．長年の懸案であったドックランドの再開発のため「ロンドンドックランド開発公社（LDDC）」が設立され約2,000haに及ぶ巨大再開発が推進された．インダストリアルパーク，エンタープライズゾーン，商業開発，事務所・倉庫の再開発などの経済開発や，スターターホームズ（新婚世帯向け住宅）などのプロジェクトが推進され，新たなビジネスセンターとして役割を果たすに至っている．

また，国際化・テクノロジーの発展が進む国際金融部門においてロンドンの国際金融センターとしての主導権確保のため，1986年手数料の自由化，取引権の開放，取引税の引き下げ，売買へのコンピューター導入などのロンドン証券取引所の大改革が実施された．

アンディ・ソーンリー，斉藤麻人氏はこのような結果1980年から2000年におけるロンドンの経済動向について次のような内容の分析を行っている[19]．

- 法律・会計事務所などの対事業所向けサービスが大きく成長を遂げた．
- ソフトウェア開発，経営コンサルタント，市場調査などの知識集約型対事業所サービスの成長が著しい．
- 金融については規制の少なさや通信技術の発展にも助けられ20年間の金融グローバリゼーションによってロンドンの地位はさらに高まった．
- 舞台芸術，視覚芸術を基盤とした映画，テレビ，ビデオ，CD，出版，デザインなどの文化的産業が順調に成長を遂げている．

このような経済状況を反映して，減少を続けていた大ロンドンエリアの人口は1981年の661万人をボトムに増加に転じ，2011年に過去の最大規模

第Ⅲ章 都市と経済―経済のダイナミクスと都市―

（1939年861万人）を超え，2021年には約880万人に達している.

3.4.3. パリ：輝く都市

5月10日，いよいよ花の都パリである．イギリスでの2週間は春にあと一歩という感じで晴れ上がった日はほとんどなく，かなり寒い日もあった．しかし飛行機がフランス上空に来ると青空がどこまでも続き，わずかにドーバー海峡を隔てたイギリスとフランスではあるが気候が全く異なっていた．パリではソルボンヌ大学の地理学教授Philippe PINCHEMEL博士，パリ地域都市計画研究所（IAURIF），パリ市都市計画研究所（APUR）などを訪問することとなっていた.

（1）オスマンの都市計画

現在のパリの都市構造の骨格を決定しているのは言うまでもなく，時のセーヌ県知事オスマンによる大改造事業である.

1852年に始まった彼の事業は，環状・放射状の幹線道路・広場・上下水道の整備，ガス灯による夜間照明の拡張などからなっていた．これらはフランスにおける産業革命の勃興とその後の経済発展により顕在化してきた非衛生・疾病などの都市問題に対処し，新たな経済発展にパリが対応していく道筋をつけるものであり，その後のパリの都市構造を決定付けたのである．しかし，第二帝政（1852～1870年）の崩壊によりこれらの事業は滞る．その後も鉄道網の整備に伴ってパリの成長は続いたが，「オスマン以後の都市計画はオスマンの企画を継続するか手直しするかいずれかの方法で行われた部分的処置を除くと，首都関係の行政機関は市の内外に充満する弊害の増加を抑制できないばかりか，対策の立案さえ怠りがちであった」[20]

（2）パリの都市政策

〈1960年代〉

1960年代の「近代主義者」の登場までの50年間をパリ市当局は「不作為の50年」と見なしている．1958年は都市計画法の制度改革によって都市基本計画（Plan d'Urbanisme directeur）と都市詳細計画（Plan d'Urbanisme détaillé）という二つの制度が創設されることとなり，この年は「都市計画規制から都市計画事業への転換の年」とされている.

69

パリ大都市圏においては基本的に19世紀につくり上げられた都市を来た
る脱工業化社会，自動車社会に適応させるために都市構造の再構築，市街地
の更新，社会資本特に交通網の近代化を基本とした都市の再整備が必要とさ
れ，1965年に制定された都市基本計画によって公共事業の積極的展開と民
間投資の誘導が行われた．

　その内容は，

① 　15,000haに及ぶ再開発

② 　18世紀の城壁以内の歴史的地区には手を加えない

③ 　パリの拡大に対応して地域業務センター・ニュータウンを建設

④ 　通勤を緩和するためパリに第2住宅の建設

というものであり，パリから10〜20kmの地域が積極的に開発されることと
なった．

　パリ大都市圏における人口は1965年当時，2000年までに約500万人増加
して1,400万人に達するものと想定され，積極的な拡張主義がとられた．こ
のためニュータウンは当初8か所計画され[21]，それも「イギリスのニュー
タウンが都市的魅力に乏しく特有の文化を生み出し得ないことの反省とし
て」[22]それぞれの人口を50万人以上とする大規模なものであった[23]．

〈1970年代〉

　このような積極的都市改造・都市整備は，1970年代に入るや力を得た「環
境主義者」によって激しく批判されるに至り，「何もしないことが都市計画
にとって良いことだ」とする考え方が一般的となった．

　しかし，この1960年代の積極的都市計画事業は地域高速鉄道（PER），周
辺部の高速道路の建設，ニュータウン群の創造，また，住宅の質を著しく改
善するなど，パリが今後新しい発展を遂げていく上での基盤の整備，市民生
活の向上に大きく貢献してきたのである．

　このマスタープランに基づく都市づくりはこのような成功にもかかわら
ず，パリ市には次のような課題が残された（図Ⅲ−6，図Ⅲ−7）．

① 　人口減少に歯止めをかけることができず，また高齢化・階層分化といっ
　　た構造変化を促進する結果をもたらした．

② 　民間における高層建築，公共・準公共の再開発は経済活動にネガティブ
　　に影響した．

第Ⅲ章　都市と経済―経済のダイナミクスと都市―

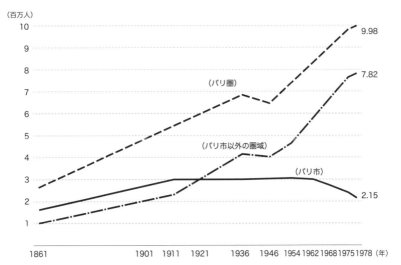

出所：Schéma Directeur d'Aménagement et d'Urbanisme delà Ville de PARIS
（パリ市マスタープラン）

図Ⅲ－6　パリ市及びパリ圏の人口動向

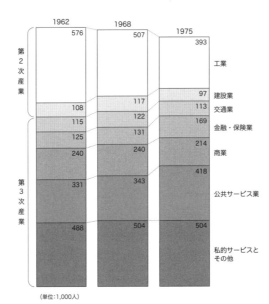

出所：Schéma Directeur d'Aménagement et d'Urbanisme delà Ville de PARIS
（パリ市マスタープラン）

図Ⅲ－7　パリ市の雇用動向

71

すなわち低密度の工場が他用途，特に住居用に転換された結果（20年間に500万㎡）"脱工業化"が急速なペースで進み，年々多くの製造業雇用を失い続けてきた.

一方，オフィスの建設は年30,000㎡程度行われ非常に活発であったが，1人当たり必要スペースの増加のため，1964年から1970年においてオフィス雇用はわずか5万人の増加にとどまった.

この過程でパリの一つの特徴となっていた工業・熟練手工業活動の大部分を喪失すると共に，雇用の維持を図ることができなかった.

③　民間主導の再開発が環境面で不釣り合いであった（イタリー地区等）.

このため，パリ市の都市政策の目標はパリが現有している重要性を如何に堅持するのかというものになってきていた.

(3) パリ市マスタープラン：Schéma Directeur d'Aménagement et d'Urbanisme

このような状況下，1977年にパリ市の新しいマスタープランが策定された．計画の目標は

①　パリ市の居住機能の堅持

②　活発な経済活動の堅持と国際的・全国的役割の強化

③　既存の自然・都市遺産の保全と，シティスケープ整備の継続

というものである.

①の居住機能の堅持については，住宅建設が人口減少を促進する形になっているので，人口維持のためには住宅の新規建設という手段だけでは不十分であり，既存の住宅ストックを対象とした政策が必要かつ有効であると認識された.

②の工業活動については国の政策，パリ大都市圏（イル・ド・フランス地域）の総合計画においてもパリ市の郊外，特にニュータウンに立地させる方向であった．しかしながら，パリ市の経済的重要性低下の主因は工業の流出であり，雇用の維持・経済的重要性の維持を図る上で，かつ産業活動の複合性・連鎖性を確保する上で工業活動が重要であるとの認識から，市内において工業活動・手工業を維持するという目標が掲げられた.

第Ⅲ章 都市と経済—経済のダイナミクスと都市—

このため
① 土地利用計画であるPOS（Plan d'Occupation des Sols）において，工業地域・準工業地域の指定による，市内における工業活動空間の確保
② 工業及び手工業用の建物許可の増加
③ 工業及び手工業活動が行われている建物の保存
④ 工業及び手工業活動が盛んなところでの住宅建設の慎重な実施
⑤ 未利用地の工業用地への転換
といった都市計画的観点からの工業保存策を実施している．

　一方，オフィスについてはオフィスの開発が必ずしも雇用増に繋がるものではないため，都市圏全域にわたり，オフィス開発のための建築許可を抑制する．ただし，
① 国際金融機能の向上を図るオペラ地区は例外とする
② リヨン，アウステリッツ駅周辺の南西部については，この地区の交通条件が良いこと，空閑地があることなどからオフィス開発を進める．しかし，雇用を増加させるのが目的ではなく都心部の過密の緩和，通勤距離の短縮化が主目的である

　以上のようにパリ市のマスタープランにおいては，あらゆる分野におけるパリ市の重要性を堅持するという観点から，産業の面でも現在パリが持っているもの，特に工業・熟練手工業を大事にしていくという性格を持っている．このため105㎢というさほど広くない市域の中に工業地域を設定するなど経済的な多様性を維持していこうとしている．

　しかしながら，ここでもロンドンと同じように，オフィス・工業雇用を積極的に増加させていく考えは強くなく，パリに住み，働き，やって来る人にとって質の高い豊かな空間を提供することを重視した都市整備を行うとしている．このようなパリ市が現在持っている重要性を堅持していくとする考え方は，広域的な考え方に立つイル・ド・フランス地域の関係者や学者たちには不評で，「シラク（パリ市長）はパリ市の中で全てをやろうとしている」という言葉をよく聞いた．

　1965年時点ではパリ大都市圏の2000年の予測人口は前述のように1,400万人とされていたが，1975年時点ではこれが1,200万人との予測となり，現行の広域圏計画はこれに基づき策定されていた（このような集中傾向の鈍化の

73

ため，ニュータウンの数は5か所に縮小され，各々の目標人口も約半分程度
の規模へと縮減された）．

さらに，筆者がIAURIFの訪問中，この現行計画を改定する作業が行われ
ていた．この地域の人口増加のペースはさらに大きく鈍化し，1978年の人
口998万人が2010年に1,100万人程度へ微増するに過ぎないと予測されるに
至ったからであった．

このようなことを考えると，パリ市とパリ大都市圏（イル・ド・フランス
地域）との都市政策上の調整はますます困難となっていくように思われた．

[追記] グランプロジェによるパリ改造

その後のパリ市の動向に大きな影響をもたらしたものに「グランプロ
ジェ」があろう．1982年に当時のミッテラン大統領はフランス革命200周年
（1989年）記念事業として大規模な都市再開発と文化施設の新築・改造によ
るパリ大改造計画を発表した．ルーブル美術館の大改造，新国立図書館，オ
ルセー美術館，新オペラ座，ラ・デファンス地区開発など九つのプロジェク
トからなる「グランプロジェ」である．これは芸術の都パリに芸術文化の新
しい核を配置し，パリのさらなるグレードアップを図るものであった．これ
らのプロジェクトがパリ市のいう「熟練手工業」との関係が考慮されたもの
であることを期待したい．

なお，パリ大都市圏であるイル・ド・フランス地域の人口は1978年時点
で998万人であり，2010年に1,100万人程度へ微増すると想定されていたこ
とは既述のとおりであるが，実際には2000年1,102万人，2010年に1,179万
人と想定を上回る増加を記録している．その後も2015年1,208万人，2019年
1,224万人と着実に増加しつつあり，文化的魅力を持つ首都・大都市圏への
再集中が進みつつあるように思われる．

このような中で「現在有する重要性を堅持する」としていたパリ市は220
万人前後の安定した人口規模を確保している．

3.4.4. 各都市の経済政策（まとめ）

これまで欧米3都市について述べてきたが，このほか私が訪問した他の都市
を含めて都市産業・経済政策の基本的考え方をまとめると以下のようになる．

① 都市が持つ資産（ストック）の重視

現在の都市は長い歴史的蓄積の上にある．そのため都市の将来を考えるとき，このストックを有効に活用することが必要であり，また都市政策はこの深く厚いストックに対して影響を与えるものが有効である．このような考え方がパリ市の総合計画に明確に見られる．例えば，サービス化に対応してサービス産業の活性化を図るだけでなく，既存の蓄積の質の改善を図ることも重視されなければならないのである．確かに時代遅れのものはスクラップする必要があるが，将来においても価値を持ちうるものは大事にする必要があろう．

② 工業の重視

欧米諸都市に共通している経済現象は工業の不振である．このため大都市は雇用の減少，失業，都市基盤の遊休化など，いわゆるインナーシティ問題に直面している．このような工業の減をサービス部門の成長で吸収できればよいが，現在これを補うに足るサービスの増加は難しい状況にある．さらに，欧米の失業問題は単に量的な問題なのではなく，アメリカにおいては「若年労働者」，欧州においては「産業の新たな要求に対応できない層」の失業が問題となるなど質の問題もある．このため，これらの失業の解消はサービス業の拡大では払拭できないのである．工業活動はこれらの層に職を与えやすい分野であり，各都市は特に周辺部において工業を積極的に導入しようとしている．

失業対策上だけでなく，パリにおいては工業・手工業を都市の特徴の一つであるとし，また，これを他の機能との「コンビネーション」上でも必要であるとの考え方から，都市内の工業活動を重視するに至っており，都市計画的手法による種々の工業保護策を取っている．このように「工業の重視」は都市産業政策上の特徴の一つとなっている．

③ 質的充実の重視

ロンドン・パリなど欧州のメトロポリスにおいては，質重視の考え方が支配的である．例えば，ロンドンでは人口・雇用の流出はトレンドであり，短期的には止めることができないと考えており，あえて量的回復をめざすのではなく，生活環境・生産環境の整備を通して，質の高い都市環境と都市機能をつくり出そうとしている．また，パリ市における再開発も人口・雇用の増加を目標としているのではなく，あくまでも通勤距離の短縮化など良好な生

活・生産環境の整備を図ることによって，パリの重要性を堅持するとの立場から行われている．

④　国際機能の重視

各国の相互依存関係の緊密化に伴って，国際レベルの活動は成長を続けている．例えばニューヨークにおいては「国際レベルの活動しか成長していない」(Regional Plan Association の Armstrong 女史) というし，バーミンガムの国際見本市会場が極めて繁栄していること，フランスのリヨンが EC 活動の発展に伴って国際センターとして発展していること，ロンドンの国際金融・取引における繁栄，逆に，リバプールの衰退がイギリスの EC 加盟に基づく米国との交流のウエイト低下の結果国際交流の門戸としての機能が失われたことによるものであること，などから都市にとって国際機能・活動は極めて重要なものとなっている．このため，各都市は国際見本市会場・国際会議場・国際空港などの整備を積極的に行って対応しつつある．

⑤　都市に人を集めることを重視

大都市特にダウンタウンにおいては，都心に人を集めるため種々の対策を講じている．これは都市の小売業，文化活動，飲食店，ホテルなどの活性化を促すと考えられるからである．このため，P.R(例：NY の "I love N.Y", "Big Apple" キャンペーン) や都心整備 (例：パリのレアール，ピッツバーグのゴールデントライアングル)，文化施設や交通網の充実などが図られている．

⑥　新たな技術革新への対応が弱い

以上のように欧米諸都市は高質化・国際化などへの対応を進めつつあるが，一方で，新たな発展プロセスに乗せるための施策については明確ではなかった．これらについては国家レベルで対応されるのであろう．ただ，ロンドンにおける都市の創造力発揮の阻害要因となっている国家政策変更の要求，「テクノロジーパーク構想」，ピッツバーグの「オークランド direction 会社」などが注意を引くものであった．

3.5. 大阪市産業・経済ビジョンと政策体系

以上のような考察の上に，「大阪市総合計画21」(以下「総合計画21」と略

記する）における大阪市の産業・経済のめざすべき方向は「国際経済ネットワークに参画する」及び「創造的な産業母都市をめざす」という2本柱の下，次のような主旨で設定された．

3.5.1. 大阪経済のめざすべき方向（コンセプト）

(1) 国際経済のネットワーク中枢

大阪が歴史的に密接な関係を持ち，かつ今後大きく発展していくことが展望されるアジア太平洋地域との連携をさらに強化し，人・物・情報・資金などの世界的な交流ネットワークへの参画をめざす．

(i) 国際的なビジネスセンター

国際的な金融市場，国際的な展示・物流などの交流拠点など，自由で開放的な経済システムを備え，内外の企業が世界を視野に活発な活動を展開する国際的なビジネスセンターをめざす．

(ii) アジア・太平洋圏のパートナーシティ

国際的な経済共同運営機関，政策研究機関の集積に努め，また，技術・経営ノウハウの移転，人材の育成，資金や情報の提供など積極的な国際協力・支援を行い，経済パートナーシティともいうべき役割を果たす．

(2) 創造的な産業の母都市

産業経済の創造力・革新力の苗床となる質の高い産業の重層的集積を図り，これを基礎に，最先端の技術・情報や文化などの先駆的産業化を通して産業フロンティアを切り開く産業の母都市をめざす．

(i) 国際的な産業イノベーションの中枢

旺盛な企業家精神，豊かな感性，熟練した技能などを生かし，最新・最先端の技術・情報の開発・産業化によって，新たな生活文化産業，芸術文化産業，知識・情報産業などの都市型成長産業を不断に生み出すイノベーション都市をめざす．

(ii) 重層的な産業コンプレックス

不断に生み出される新産業と既存の中小企業等の更新・高度化によってイノベーションの苗床となる産業コンプレックスを充実し，イノベーションと産業集積の好循環をつくり出す．

3.5.2. 経済シナリオの選択

上記の「めざすべき方向」は長い年月をかけてでも追求すべき定性的目標として設定されている．「総合計画21」では，この目標を段階的に実現するとの考え方に基づき，第一段階を1990年から2005年までの15年間とし，この期間に行う具体的な施策や達成目標を示している．その一環として中期的経済シナリオの検討を行った．

① 我が国経済の見通し〈前提〉

「総合計画21」策定当時，我が国経済は高度経済成長から安定成長への転換期にあると考えられていた．安定成長とは4％程度の成長率を意味するものであり，この結果2000年において我が国のGDPは世界の12〜14％を占め，有力なリーディング国の一つとして重要な役割を果たしていくとの見通しであった．

当時の経済成長の想定は表Ⅲ−7にあるように，概ね

- 1980〜2000年は4％程度
- 2000〜2010年は3％前後

とされていた（この見通しは現時点から振り返れば極めて楽観的と見なされようが）．

表Ⅲ−7　我が国経済成長率の予測

	経済企画庁「2000年の日本」	経済企画庁「21世紀への基本戦略」	国土庁「日本21世紀への展望」	日経，DRI「2010年世界と日本」
1980〜2000	4.0%	1986〜2000 4.4%	4%半ば	3.3%
2000〜			2000〜2020 2%半ば	2000〜2010 3.0%

資料：経済企画庁，国土庁，日経，DRI の資料

② 二つの経済シナリオ

このような枠組みの中で大阪市の見通しの検討が行われた．大阪市の当時の産業構造を他都市と比較して見ると（表Ⅲ−8），

第Ⅲ章 ┃ 都市と経済—経済のダイナミクスと都市—

表Ⅲ-8　産業別就業人口の都市比較

（単位：％）

	大阪市			東京 （区部）	ニュー ヨーク	ロンドン	シンガ ポール
	1985	2005		1985	1984	1982	1985
		シナリオ1	シナリオ2				
第1次産業	0.1	0.1	0.1	0.3	…	0.1	0.7
第2次産業	31.5	20.5	25.9	28.7	15.3	22.8	34.6
建設	7.8	7.2	7.0	7.5	2.7	4.5	8.9
製造	23.7	13.3	19.0	21.2	12.6	18.2	25.5
第3次産業	68.1	79.5	74.0	70.5	84.6	64.1	64.5
卸・小売・飲食	32.6	31.7	30.7	28.1	18.3	13.5	23.5
金融・保険・不動産	6.4	7.7	7.2	7.2	14.6	16.3	8.7
サービス	19.1	31.0	27.3	23.9	29.3	13.4	21.5
公益	10.1	9.1	8.8	11.3	22.5	20.8	10.8
その他・不詳	0.3	−	−	0.5	0.0	13.1	0.2
総　数	100.0	100.0	100.0	100.0	100.0	100.0	100.0

注：第2次産業の合計に鉱業を含む
資料：大阪市・東京：総務省「国勢調査」，他都市：東京都編「世界大都市比較統計年表」

- 工業のウエイトが欧米諸都市に比して高い
- サービス業・金融保険業のウエイトが低い
- 商業のウエイトが非常に高い

といった特徴があった．

　大阪市の経済見通しの中で大きなポイントとなったのが，都市からの流出が顕著であった工業の取り扱いであった．そこで二つの経済シナリオが設定された．その違いは工業を市内部に残していくのか，それとも流出は必然としてこれを是認していくのかという点にあった（表Ⅲ-9）．

　シナリオ1は「生産機能の減少に対し，これを上回る中枢機能・高次サービス機能などの活性化を強力に進める」

　シナリオ2は「生産機能を新しい都市型に転換するなど可能な限り保持に努めると共に，中枢機能・高次サービス機能の発展も見込む」

というものであった（［コラム2］参照）．

　それぞれから導かれる経済成長率はシナリオ1が3.8％，シナリオ2が4.3％であった．

79

表Ⅲ-9　大阪市の経済シナリオ

(1) 二つの経済シナリオ

シナリオ1	生産機能の減少傾向に対し,これを上回る中枢機能・高次サービス機能などの活性化を強力に進める.
シナリオ2	生産機能は,新しい都市型に転換するなど保持に努めると共に,中枢機能・高次サービス機能などの活性化を強力に進める.

(2) シナリオに基づく推計結果（計量経済モデルによる計算値）

	シナリオ1	シナリオ2	現況 (1985)
就業人口	255 (万人)	262 (万人)	233 (万人)
第 1 次 産 業	0	0	0
第 2 次 産 業	52	68	73
第 3 次 産 業	203	194	159
実質経済成長率	3.8 %	4.3 %	3.5 %

注：実質経済成長率は1985〜2005年の平均．なお,現況の成長率は1975〜1985年の平均
出所：大阪市「大阪市総合計画21策定資料」

③　大阪市の選択

どちらのシナリオを選択するのか,他の主要都市との比較の中で議論が行われたが

- 大阪市の商業のウエイトが極めて高く,これ以上のウエイトの増大は現実的ではない
- サービス業,金融保険業のウエイトが高いニューヨーク,ロンドン型の構造は国際的な中枢金融都市のみが持ちうる特別な構造であろう．大阪市もこれらの機能の向上をめざすが,現在のアジアの金融・サービス都市である東京やシンガポールのウエイトの状況から見ても大幅な上昇を見込むことはできないであろう
- このため製造業を保持した都市であることが産業のマルチストラクチャーを堅持し,大阪が活力ある都市であるための現実的な方向であろう
- また東京一極集中を是正する役割を持つ近畿圏の中枢都市として,経済成長率も全国平均程度は確保する必要がある

といった点が考慮され,シナリオ2が選択されることとなった.

3.5.3. 第一段階の政策体系と主要施策

長期目標の実現に向け選択したシナリオ2に沿って施策体系が決定された（表Ⅲ−10）.

表Ⅲ−10　施策体系

1．国際経済中枢機能の強化
　　(1) 国際金融センター機能の強化
　　(2) 国際交易機能の強化
　　(3) 国際ビジネス拠点の形成
　　(4) 経済協力の推進

2．新しい都市型リーディング産業の創出
　　(1) 技術・情報の産業化の推進
　　(2) 文化と産業の融合化の推進
　　(3) ニュービジネスの育成

3．中小企業の体質改善・構造転換の推進
　　(1) 生産機能の高度化
　　(2) 流通機能の高度化
　　(3) 魅力ある商業集積の形成
　　(4) 安定した経営基盤の確立

出所：大阪市「大阪市総合計画21」

これに基づき様々な施策・プロジェクトが推進されたが，施策体系は網羅的になるので，ここでは「大阪市主要プロジェクト集」[24] の中から主要な施策の幾つかを紹介するにとどめたい.

(1) 国際経済機能の向上

〈国際金融〉

「天下の台所」時代に大坂が世界に先駆けて創出した先物取引，また金融取引の先進地という実績や特質を生かして,急速に拡大が予想される国際的な先物・金融取引機能の充実を図る. このため，大阪市，金融・証券業界，経済界などが連携し「総合先物取引所」をイメージしつつその実現を検討する. これらの取組はその後大阪証券取引所が先物・オプションの総合取引所をめざす方向で機能の拡大を推進中であるほか，新たな私設取引所の創設構想の動きもある.

また，グローバルな金融取引の拡大，金融都市間の競争が激しくなる中，アジアにおいても金融都市間の地殻変動が進みつつあり，大阪においてもこれに対応すべく国際金融都市のハード・ソフトのインフラ整備などに向けて研究が続けられている．

〈国際交易〉

大阪港臨海部において，国際港としての機能の充実を基礎に，大阪都心との近接性また関西国際空港との連結性を生かして，国際交易機能の充実を図る．そのため国際見本市会場や国際的な卸売市場，物流拠点の整備，貿易企業などの複合的な集積を図る．

(2) 技術開発

〈テクノポート大阪計画〉

大阪港の広大な新規埋め立て地において，21世紀にふさわしい都市機能を集積した「新都心」を計画的に開発する．その中核機能は先端技術開発機能，国際交易機能，情報通信機能とし，集積する技術分野としては，エレクトロニクス，新素材，バイオインダストリーをターゲットとする．

(3) 新企業創造

〈産業創造館〉

中小企業の各種支援サービスを一本化し，総合的・効率的な経営支援やビジネス情報の提供をワンストップで行うと共に，次代の産業を担う人材の育成・研修，産学連携・企業間連携の機会提供，市場開拓などのサポートを充実し，大阪の中小企業の新時代への対応を支援する．

〈都市型次世代企業育成（ビジネスインキュベーター）事業〉

将来の大阪経済を担う都市型産業，特に優れた技術や斬新なアイディアにより新しい製品やサービスを創出する研究開発型・知識集約型産業分野の創業期企業を育成し，市内集積を図るため，創業期特有の経営基盤の脆弱性の克服を支援し，その早期自立を促すことを目的とする．スペース提供に加え，経営者のネットワークによる経営管理支援及び事務支援を行う．

（4）都市型工業の保持

〈都市型小規模工場団地事業（シティ・インダストリアル・タウン：CIT）〉

工業専用地域等の大・中規模の工場跡地を利用して，周辺の都市環境と調和のとれた環境が整備された工場集約化用地の造成を行い，これを大都市立地にふさわしい先端技術産業（メカトロニクス関連企業や新素材・エレクトロニクスなどの研究開発型企業など）をめざす中小企業に分譲する．また立地企業の活動や企業集積の効果が発揮できるよう支援サービスの充実を図る．

3.6. むすび

めざす都市経済の姿は明らかになったとしても，その実現には相当の期間と継続的な努力が必要である．それも効果のある政策を持続的に推進していくことが求められる．このような取組を可能とする実行体制の確立が不可欠である．これを図で示せば次のようなものであろう．

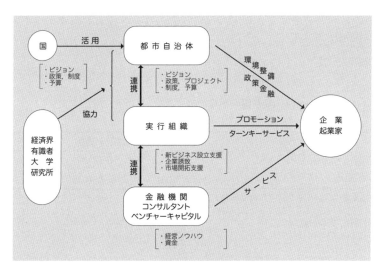

図Ⅲ－8　都市経済振興体制概念図

- 政策当局（都市自治体）の役割

   国の制度・方針の活用を含めた基本方針の決定，施策の確立，予算の確保，ビジネス環境整備など．とりわけ，的確な方針の決定と長期的な視野に立った一貫した政策を推進する姿勢が求められる．

- 専門の政策実行組織（city-corporation）

   政策当局の方針に基づき，施策・制度を活用して新ビジネス育成や企業誘致の実際を担う専門家集団．

   政策当局に加え経済界，大学，有識者，資金提供者，企業経営者などとの密接なネットワークを構築し，これらを活用して，スタートアップ企業に対する支援や進出企業に対するターンキーサービスを提供する．

- 機能する協力ネットワーク

   経済界，大学・有識者などがアドバイスや情報の提供など，また，金融機関・経営コンサルタント・ベンチャーキャピタルなどが事業支援サービスの提供などで連携・協力していく体制をつくる．

　現在，我が国経済は低成長状況にある（表Ⅲ－11）．これは「日本経済が停滞している」と認識するよりも，経済社会のリード役は都市なのであるから「日本の都市経済が停滞している」と認識すべきである．まさに都市経済政策の真価が問われているのである．

表Ⅲ－11　我が国の平均経済成長率（1981～2020年度）

（単位：％）

	1981～1990	1991～2000	2001～2010	2011～2020
実質経済成長率の平均値	4.56 (4.20, 4.92)	1.18 (1.36, 1.00)	0.57 (1.20, △0.06)	0.29 (1.02, △0.44)

注：1）各年度の成長率の単純平均値である
　　2）（　，　）は前半及び後半5年間の数値である
資料：内閣府「経済財政白書」

【コラム2】
「都市に工業をできるだけ保持する」の意味

　筆者たちは当時，製造業の活動プロセスを次の5工程からなるものとし，各々の立地要因，傾向について分析を行っていた．5工程とは①研究，②製品開発，③製造システム設計，④部品生産・コンポーネント化，⑤最終組立であり，これに管理部門・販売部門が加わる．

　各々の立地要因として重要視される主なものを挙げると，

① 研究（基礎研究，応用研究）は戦略部門であるため，意思決定部門及び製品化に取組む②の製品開発部門との近接性，人材の確保，共同研究などのための大学・公的研究機関などとの連携

② 製品開発部門は研究成果を新商品として「形」にする工程であり，試作品の作成，機能実験や改良を通じて最終製品の開発を行う．このため，必要な材料や部品の調達，ユーザーワークなどのための関連企業との連携・協力

③ システム設計は新商品を市場に出すための生産工程の設計を行うので試作工場や母工場などとの近接性

④ 部品の生産及びこれを組合せたコンポーネント化の工程である．量産が必要なため，また，生産性を上げるため，機械化された規模の大きい生産工場が求められる．このため交通の便，広い土地や労働力の確保

⑤ 最終組立工程は部品・コンポーネントを用いて最終商品に仕上げ出荷する．部品・コンポーネントを集結するための交通の便，土地や労働力の確保，また，最終需要地への近接性

などである．

　これらを整理すれば，表Ⅲ－12のようになろう．

表Ⅲ－12　製造業各工程の立地特性

工　程	施　設	主な立地誘因	立地傾向
① 研究 （基礎・応用）	研究所 （中央・総合）	・本社機能との近接性 ・大学，研究機関などとの連携	大都市
② 製品開発 （試作・実験・デザイン）	試作工場 開発センター デザインセンター	・試作品用材料，部品確保 ・高度・専門工場の集積	大都市
③ 生産システム 設計	研究所 （生産技術）	・②との近接性	大都市
④ 部品生産 コンポーネント化	量産工場	・交通の便 ・用地，用水 ・労働力の確保	地方・海外
⑤ 最終組立	組立工場	・交通の便 （コンポーネント集結・出荷） ・最終消費地との近接性	大都市近郊
⑥ 販売・管理	本社		都心

都市において「工業を保持する」とは，本社・研究開発・試作・デザイン開発などの大都市立地型部門，及び，これらの過程で必要とされる高度に専門化された工業群をできるだけ都市内に保持するという意味である[25]．

　加えて，大都市の市場をターゲットとし都市環境とも共存できる，いわゆる「都市型工業」の保持も必要である．

(注)

(1) 青木昌彦：「都市経営と経済理論」『都市の経営』岩波講座現代都市政策Ⅳ，(岩波書店；1973)

(2) J.ジェイコブズ：中江利忠／加賀谷洋一訳，『都市の原理』
　　　　　　　　：中村達也／谷口文子訳，『都市の経済学』(TBSブリタニカ;1986) p.46
　　　　　　　　(以下『都市の経済学』と略記する)
「経済活動はイノベーションによって発展する．つまり，輸入置換によって拡大する．この二つの主要な経済過程は密接な関連をもっており，ともに都市経済の関数である．さらに，輸入置換がうまくいく場合には，…とりわけ生産財とサービスのイノベーション…を必要とする」

(3) シュンペーター：塩野谷裕一／中山伊知郎／東畑精一訳，『経済発展の理論』岩波文庫，(岩波書店;1977)

(4) 都市に個性が生じ，それが次第に確立していく過程については次の文献参照
塩沢由典：『複雑系経済学入門』ちくま学芸文庫，(筑摩書房；2020)
「分岐」「逸脱増幅過程」「自己強化過程」「セカンド・サイバネティクス」などの概念が参考となる．

(5) 諸機能の近接性の重要性については，例えば次の文献参照
東一眞：『「シリコンバレー」のつくり方』中公新書ラクレ5，(中央公論新社；2001)
シリコンバレー等ハイテクベンチャー企業の集積地「テクノリージョン」，その成立の基礎メカニズムを考察し，これらの企業が，ある地域に次々と生まれる現象の第1の要因を「知識の源泉」すなわち大学，公的研究所，先端的病院などとの距離的な「近さ」に求めている．企業のイノベーションは企業内の研究開発に加えて，これらの知識の源泉の研究成果が距離的に近くにある企業などに溢れ出し（ノリッジ・スピル・オーバー），これがイノベーションのインプットとして機能していること指摘している．

(6) 岩井克人：『ヴェニスの商人の資本論』ちくま学芸文庫，(筑摩書房；1992) p.58
「利潤は異なった価値体系の間にある差異から生み出される．利潤とはすなわち差異から生まれる」，「商業資本主義とは地域的に離れたふたつの共同体のあいだの価値体系の差異を媒介して利潤を生み出す方法である．産業資本主義とは資本家が労働力の価値と労働の生産物の価値の間の差異を媒介して利潤を生み出す経済機構であり，い

第Ⅲ章 都市と経済―経済のダイナミクスと都市―

わゆるポスト産業資本主義的な形態の資本主義においては新技術や新製品の絶えざる
開発によって未来の価値体系を先取りすることの出来た革新的企業が，それを現在の
市場で成立している価値体系との差異を媒体として利潤を生み出し続けている」

(7) 日下公人：『新・文化産業論』東経選書，（東洋経済新報社；1978）

(8) 次の文献も参照
　　長沢伸也・杉本香七：『カルティエ 最強のブランド創造経営』（東洋経済新報社；
　　2021）
　　「欧州のラグジュアリーブランドは機能や価格面での比較優位を超えた絶対的価値す
　　なわち「感性価値」を創造している」とし，我が国経済・産業の進むべき一つの方向
　　として提案されている．

(9) 1) 菅野和太郎：「経済上より観たる大阪」『大阪経済史研究』復刻版，（清文堂出版；
　　　　1982）（以下『大阪経済史研究』と略記する）
　　2) 西川俊作・尾高煌之助・斎藤修：『日本経済の200年』（日本評論社；1996）

(10) 野口悠紀雄：『戦後日本経済史』新潮選書，（新潮社；2008）

(11) 1) 幸田成友：「金融」『江戸と大阪』冨山房百科文庫48，（冨山房；1995）
　　2) 岩井克人：「西鶴の大晦日」『二十一世紀の資本主義論』ちくま学芸文庫，（筑摩書
　　　　房；2006）

(12) 武部善人：『大阪産業史』有斐閣選書408，（有斐閣；1982）p.166

(13) 武光誠：「はじめに」『大坂商人』ちくま新書411，（筑摩書房；2003）
　　（以下『大坂商人』と略記する）
　　また，新古典派経済学において主要なテーマとならなかった商業・商人についての基
　　本的な考察としては
　　塩沢由典：「市場の見える手」『市場の秩序学』ちくま学芸文庫，（筑摩書房；1998）参
　　照

(14) 1) 堺屋太一：『群化の構図』（実業之日本社；1980）p.136
　　2) 野村総合研究所編：『関西経済復権のための提言』（1980）

(15) 武光誠：『大坂商人』p.48

(16) 永田兼一：「大阪経済活性化の諸方策」『第11回海外研修報告』（大阪市総務局；1984）

(17) AAsはSpecial Development Areas（SDAs），Development Areas（DAs），Intermediate
　　Areas（IAs），Northern Irelandで構成されている．

(18) スティーブンズ，アンドリュー：石見豊訳，『新版―英国の地方自治』（芦書房；2021）
　　1963年の「ロンドン政府法」により1965年ロンドンの広域行政組織として誕生．
　　しかし，1979年にサッチャー政権が誕生し，保守・労働党の衝突から1985年地方自
　　治法が改正され，1986年GLCが廃止された．GLCの業務は分解され①32のバラ，②
　　city of London，③5つの政府省庁，④60の特殊法人・委員会へ引き継がれた．

(19) アンディ・ソーンリー，斉藤麻人：「世界都市ロンドンのガバナンス」『大都市圏再編
　　への構想』（小玉徹編，東京大学出版会；2002）

(20) P.H.ションバール・ド・ローヴェ，佐々木斐夫：『パリの社会学』ブリタニカ叢書，（日

87

本ブリタニカ；1982)

(21) パリ大都市圏のニュータウン数については複数の論文で当初9か所とある．しかし，筆者がIAURIFでスタッフと会談した際に8か所と聞いており，ここでは8か所としておく．

(22) 小林一：「フランスにおける地域経営」『地域開発』（日本地域開発センター，1979）

(23) パリ圏のニュータウン計画については次の文献参照
高橋伸夫：「パリ大都市圏におけるニュータウンの現状と将来」『筑波大学人文地理学研究，19号』（1995）

(24) 大阪市経済局：『大阪市主要プロジェクト集（'98年度版)』（大阪都市協会；1999）

(25) 吉野彰：「私の履歴書」（日本経済新聞；2021年10月1〜31日）参照
2019年ノーベル化学賞受賞の吉野彰旭化成名誉フェローによる受賞理由となった新型2次電池の基礎研究から開発研究，商品化と続く各工程における課題克服のための具体的な連携・協力の活動が描写されている．

第IV章

都市と人口

―人口動態の都市力学―

　人口は都市にとって最も重要な基本指標の一つである．人口とは都市の主人公たる市民の数である．都市が提供する公的サービスの受給対象者であり，都市にとって極めて重要な選挙の有権者，また納税者をその内に含んでいる．さらには，様々な施策の結果としての「都市の住みやすさ」を間接的に示す指標でもある．

　大阪市においてもその重要性から人口動向について常に注意を払い，分析を行ってきた．筆者の人口問題へのアプローチも1990年策定の「総合計画21」における人口指標の設定を中心として，そこに至る動態分析・考察と策定以降の目標人口達成のための総合施策の立案・推進という図式となっている．

　したがって，この章は次の3節によって構成される．

　①　人口の動態とその要因分析
　②　「総合計画21」における人口指標設定の基本的考え方
　③　目標人口達成に向けた総合的な人口回復策の策定と推進

4.1. 大阪市の人口動向と変動要因

　1940年に325万人を記録した大阪市の人口は戦災により急減し，1945年に110万人となった．その後経済の復興に伴い急回復し1965年に316万人に達した後減少に転じた．この減少は社会動態（転入－転出）が転出超過（社会減）となったためである．戦後一貫して社会増であったものが，1963年に社会減に転じ，その後，減少幅が拡大して，1965年には「社会減の幅＞自然増の幅（出生－死亡）」となり人口が減少する局面へ入ることとなった．この社会減の

幅は1969年に最大（約9.7万人）となり，その後縮小傾向にはあるものの自然増の規模も縮小し，「社会減を自然増で相殺できずに人口が減少するパターン」が一貫して続き，この結果1985年には264万人と，1965年からの20年間に約50万人もの大規模な人口減少を経験したのである．

4.1.1. 大阪市人口減少の主要因：社会動態の構造分析

以上のように大阪市の人口減少の主要因は社会減（転出超過）にあった．そこで誰が，なぜ転出したのかについて分析を試みよう．なお，図Ⅳ－1，表Ⅳ－1でわかるように1985～1990年には人口減少は減速してきていた．以下では，人口減少の要因をより明確にするため，1965～1985年の期間を分析の中心とする．

(1) 年齢別の転出入

大阪市の人口は，1963年以降，全体としては社会減少を続けたが，年齢5歳階層別に見ると幾つかの特徴が浮かび上がる（図Ⅳ－2）．

全体として転出超過であっても年齢階層によっては転入超過の階層があり，それは15～19，20～24歳の年齢層である．これらの年齢は中学卒業・

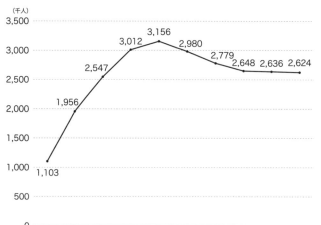

資料：総務省「国勢調査」

図Ⅳ－1　常住人口の推移

表Ⅳ-1　大阪市の人口動態

(単位：1,000人)

	1945	1950	1955	1960	1965	1970	1975	1980	1985	1990
人　口	1,103	1,956	2,547	3,011	3,156	2,980	2,779	2,648	2,636	2,624
社会増	…	107	47	50	△49	△81	△54	△32	△6	△20
転入	…	400	351	366	370	318	215	185	178	167
転出	…	293	304	316	419	399	269	217	184	187
自然増	…	33	27	34	49	34	24	12	11	6
出生	…	49	41	48	62	53	41	31	30	26
死亡	…	16	14	13	13	19	17	18	19	20

注：転出入人口に市内区相互間移動を含む
資料：1）人口：総務省「国勢調査」
　　　2）社会・自然動態：大阪市調べ

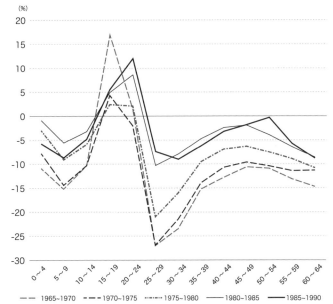

注：0～4歳の増減率＝0～4歳の人口／前5年間の出生数
資料：厚生労働省「人口動態統計」、総務省「国勢調査」

図Ⅳ-2　5歳階層別5年経過人口の増減率推移

高校入学，高校卒業・大学入学，大学卒業の年齢に当たっているため，就職や進学のために大阪市に転入していると推定できる．

一方，それ以外の幅広い年齢層で転出超過となっている．とりわけ各期間とも25〜29，30〜34，35〜39歳層の転出超過が顕著である．この年齢層は世帯形成期，子育て期に相当している．加えて，0〜14歳も転出超過となっており，これらを総合すると，この現象は世帯形成層，及び幼少年を伴った子育て層の転出であると考えられる．

各年齢ごとの，その後の5年間の純移動率を見ると，最大の転出超過を示すのは1975〜1980年では男性30歳，女性25歳である．各期間を通してみると男性が28〜30歳をピークとする24歳〜33歳，女性はそれより3〜4歳若い年齢での移動率が高くなっている．この年齢差は配偶者間の男女の年齢差と考えることができる．このことは「結婚を機に転出するパターン」が存在することを示唆している．

なお，0〜14歳の幼少年の転出について付記すれば，4〜6歳児の移動率が高くなっている．このことはこれらの親が子どもの幼稚園や小学校入学前から移動する傾向があることを示している．

以上，年齢別の人口動態を総括すると

① 中学卒業・高校入学，高校卒業・大学入学，大学卒業の年齢層が転入している
② 世帯形成の際に転出する
③ 幼少年を伴う子育て世代の転出，とりわけ子どもの小学入学前からの転出が多い

などが特徴として見出せる．このうち②③の要因，これらの年齢層がなぜ市外転出傾向を示すのかについては，後述の「4.3．総合的人口回復策の策定と推進」でさらに解析を試みる．

(2) 就業形態から見た人口動態

居住地（どこに住むか）と就業地（どこで働くか）は密接な関係がある．基本的には「どこに住むか」は「どこで働くか」に左右される．職場の近くに住むか，また，許容できる通勤時間を確保できるところに住むのである．この意味で「職が住を決める」として良かろう．

第IV章 | 都市と人口—人口動態の都市力学—

　また，人口と就業との関係を示す就業率（就業人口÷人口）は僅かずつ上昇傾向にはあるが，ほぼ50％程度となっており（表IV－2），これを前提とすれば人口減少は市内に居住する就業者の減少として説明することができる（就業者の減×2≒人口の減）．そこで，次に就業の側面から人口減少要因の分析を試みる．

表IV－2　就業率の推移

（単位：1,000人，％）

		1975	1980	1985	1990
全　国	人　　口	111,940	117,060	121,049	123,611
	就業者数	53,141	55,811	58,357	61,682
	就　業　率	47.5	47.7	48.2	49.9
大阪市	人　　口	2,779	2,648	2,636	2,624
	就業者数	1,351	1,298	1,310	1,345
	就　業　率	48.6	49.0	49.7	51.3

資料：総務省「国勢調査」

（2－1）産業別就業から見た人口動態

　大阪市内で働く就業者（以下昼間就業者と呼ぶ）は市内に居住するもの（市内居住就業者）と市外に居住し通勤してくるもの（市外居住就業者）から構成される．人口動向に直結するのは市内居住就業者の動向である．人口急増期の1960～1965年では双方ともが増加していたが，1965～1970年では昼間就業者は僅かとはいえ増加しているものの，その内訳を見ると市外居住就業者が増加しているのに対し，市内居住就業者は減少しており，このことによって人口減少が生じている（図IV－3）．

　その後も昼間就業者総数は安定・微増している中で，市内居住就業者の減少，市外居住就業者の増加という傾向が続いている（なお，1985～1990年には市内居住就業者が僅かではあるが増加しており，人口動向が新たな局面に入る可能性を示唆しているように思われる）．

　また，市内居住者の中には市外で働く者も存在する．これを含めて変化の構造を業種ごとに見ると表IV－3のようになる．

　これによれば，1965～1970年においては，建設業を除く全ての業種で市

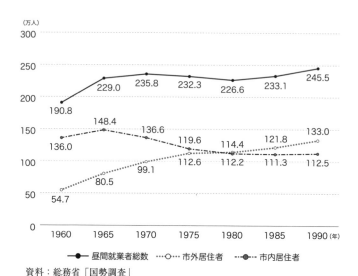

資料：総務省「国勢調査」

図Ⅳ-3　昼間就業者数の推移

表Ⅳ-3　産業別・居住地

	1965〜1970			1970〜1975		
	A	B	C	A	B	C
農林水産業	△2,447	38	56	△741	205	78
鉱業	△178	△71	14	△74	△69	△11
建設業	1,091	13,904	4,791	△11,733	16,558	1,605
製造業	△85,849	34,509	7,111	△112,395	12,827	△6,475
卸売・小売業	△13,421	68,478	7,940	△26,497	39,670	5,836
金融・保険業 不動産業	△2,719	10,692	189	2,677	16,606	1,786
運輸・通信業	△9,892	7,354	1,929	△14,586	5,912	1,688
電気・ガス・水道業	△1,124	934	-	187	1,680	136
サービス業	△2,739	43,826	4,970	△7,195	35,043	4,546
公務	△2,224	5,722	763	△2,825	5,347	806
分類不能	1,231	747	150	3,428	1,088	260
計	△118,271	186,133	27,913	△169,754	134,867	10,255

注：A）市内就業・市内居住者の増減
　　B）市内就業・市外居住者の増減
　　C）市外就業・市内居住者の増減
資料：総務省「国勢調査」

第Ⅳ章 | 都市と人口—人口動態の都市力学—

内居住就業者が減少している．以降も，1970〜1975年の金融・保険・不動産業，1975〜1980年のサービス業，1980〜1985年のサービス業，不動産業という極めて限られた業種を除く大多数の業種で市内居住就業者が減少している．その動向には二つのパターンが見出せる．第1は製造業を中心とした農林水産業，鉱業，運輸・通信業のグループである．これらの業種では市内居住就業者の減少幅が大きく，市外居住就業者の増加では補われず昼間就業者数が減少している（A＋B＜0）．すなわち雇用機会の減少により市内居住就業者が減少し，それにより人口の減少が生じていると見なせるグループである．

　第2は，卸売・小売業，金融・保険業，不動産業，サービス業のグループであり，これらの業種では市内居住就業者は減少している（＝人口は減少している）ものの，この減少を市外居住就業者の増加が上回り昼間就業者数が増加している（A＋B＞0）．このため，このグループの人口減少は雇用機会の減少ではなく，市内居住就業者の郊外移転すなわち職住分離によるものと考えられる．

別大阪市関連就業者の動向

(単位：人)

1975〜1980			1980〜1985			1985〜1990		
A	B	C	A	B	C	A	B	C
△ 427	△ 145	△ 11	△ 251	△ 128	△ 83	△ 339	60	77
△ 29	△ 17	△ 10	△ 20	△ 62	7	15	13	△ 11
△ 4,931	△ 3,287	3,666	△ 3,984	2,764	1,854	10,152	7,555	7,902
△ 54,885	△ 28,238	23	△ 19,628	△ 11,871	5,916	△ 15,991	20,561	1,909
△ 7,964	16,073	7,320	△ 4,880	34,143	4,277	△ 19,776	△ 6,970	3,264
△ 819	2,169	1,025	△ 103	2,389	226	1,322	9,156	188
△ 128	△ 169	360	1,593	2,305	275	6,669	8,482	1,105
△ 6,951	△ 678	1,393	△ 1,602	△ 1,432	2,012	1,427	△ 2,833	2,215
△ 135	611	358	△ 426	△ 190	△ 414	△ 307	316	△ 63
8,023	31,804	7,421	17,881	44,789	6,824	23,605	68,018	5,785
△ 3,030	595	△ 222	△ 481	404	270	△ 262	339	△ 184
△ 3,096	△ 988	△ 293	3,163	1,413	186	5,227	7,034	810
△ 74,372	17,730	21,030	△ 8,738	74,524	21,350	11,742	111,731	22,997

つまり，第1グループは，雇用減少と職住分離により，第2グループは職住分離により人口減少が進行していると考えられるのである（ただし，1975〜1980年に至ると，サービス業と不動産業では雇用の増加が人口増に寄与する新局面に入っている）．

なお，Cは市内に居住し市外で就業する者の増減であり，C＞0とは，大阪市を「働く場」としてではなく「居住地」として活用する層が増加していることを示すものであり，大阪市の住宅地としての機能の高まりが窺われる．

以上から大阪市の人口動態の影響要因を就業の側面から見ると

① 市内における雇用機会の増減動向

② 職住分離の進展度合い

③ 大阪市の居住地機能の動向

の3要因に分解できる．

この3要因が大阪市の人口動態に各々どの程度の影響を与えたのか，その

表Ⅳ－4　常住就業者増

	1965〜1970年				1970〜1975				
	常住就業者の増減	雇用増減効果	職住分離効果	居住地機能効果	常住就業者の増減	雇用増減効果	職住分離効果	居住地機能効果	常住就業者の増減
農林水産業	△2,391	△2,409	△38	56	△663	△536	△205	78	△438
鉱業	△164	△178	-	14	△85	△74	-	△11	△39
建設業	5,882	1,091	-	4,791	△10,128	-	△11,733	1,605	△1,265
製造業	△78,738	△51,340	△34,509	7,111	△118,870	△99,568	△12,827	△6,475	△54,862
卸売・小売業	△5,481	-	△13,421	7,940	△20,661	-	△26,497	5,836	△644
金融・保険業	△2,530	-	△2,719	189	4,463	2,677	-	1,786	206
不動産業									232
運輸・通信業	△7,963	△2,538	△7,354	1,929	△12,898	△8,674	△5,912	1,688	△5,558
電気・ガス・水道業	△1,124	△190	△934	-	323	187	-	136	223
サービス業	2,231	-	△2,739	4,970	△2,649	-	△7,195	4,546	15,444
公務	△1,461	-	△2,224	763	△2,019	-	△2,825	806	△3,252
分類不能	1,381	1,231	-	150	3,688	3,428	-	260	△3,389
計	△90,358	△54,333	△63,938	27,913	△159,499	△102,560	△67,194	10,255	△53,342
	(△100.0)	(△60.1)	(△70.7)	(30.8)	(△100.0)	(△64.3)	(△42.1)	(6.4)	(△100.0)

注：（　）は各効果の寄与率

資料：総務省「国勢調査」

第IV章｜都市と人口―人口動態の都市力学―

寄与度を推計したものが表IV-4である.

　1960〜1965年においては，市内における昼間就業機会の増加が市内居住就業者の増加（＝人口増加）をもたらしている（図IV-3）.

　1965年以降の人口減少局面においては1965〜1970年には雇用減少によるものが60％，職住分離によるものが70％の寄与度と推計され，職住分離の影響が就業機会の減少によるものより影響が大きいとの結果になっている.

　その後は雇用減少による影響が大きくなり，1970〜1975年には雇用減少効果が職住分離効果を凌駕し，1975〜1980年には雇用減少効果が122％，職住分離効果18％となり，雇用減少効果が圧倒的なウエイトを占めるに至っている．すなわち，製造業等の市外流出や廃業などによって市内居住就業者が減少したことが人口減少の主因であったことを物語っている.

　1980〜1985年には製造業の雇用減少効果はサービス業の雇用増加でおおよそ補填され，雇用減少が人口減少に与える影響はほぼ終息したように見受

減の要因別効果（推計）

(単位：人，％)

1975〜1980				1980〜1985				1985〜1990		
雇用増減効果	職住分離効果	居住地機能効果	常住就業者の増減	雇用増減効果	職住分離効果	居住地機能効果	常住就業者の増減	雇用増減効果	職住分離効果	居住地機能効果
△427	-	△11	△334	△251	-	△83	△262	△279	△60	77
△29	-	△10	△13	△20	-	7	4	15		△11
△4,931	-	3,666	△2,130	△1,220	△2,764	1,854	18,054	10,152		7,902
△54,885	-	23	△13,712	△19,628	-	5,916	△14,082	-	△15,991	1,909
-	△7,964	7,320	△603	-	△4,880	4,277	△16,512	△19,776	-	3,264
-	△819	1,025	123	-	△103	226	1,510	1,322		188
△128	-	360	1,868	1,593	-	275	7,774	6,669		1,105
△6,951	-	1,393	410	△1,602	-	2,012	3,642	-	1,427	2,215
-	△135	358	△840	△426	-	△414	△370	-	△307	△63
8,023	-	7,421	24,705	17,881	-	6,824	29,390	23,605	-	5,785
△2,435	△595	△222	△211	△77	△404	270	△446	-	△262	△184
△3,096	-	△293	3,349	3,163	-	186	6,037	5,227		810
△64,859	△9,513	21,030	12,612	△587	△8,151	21,350	34,739	26,935	△15,193	22,997
(△121.5)	(△17.8)	(39.4)	(100.0)	(△4.6)	(△64.6)	(169.2)	(100.0)	(77.5)	(△43.7)	(66.1)

けられる.

　また，いずれの期においても居住地機能の向上，すなわち市外で働くが市内を居住地として選択し活用している層が増加してきており，このことが人口減少を押しとどめる役割を果たしている.

　就業機会の拡大と人口増加が同時に進んできた局面（1960～1965年）から，就業機会は拡大するが，職住分離により人口が減少局面へ転換した1965年を大阪市の人口動向上の第1のエポックとすれば，就業機会の減少が人口減少の主因となった1970年は第2のエポックということができるであろう.

（2－2）職業別類型から見た人口動態

　次に，就業者の職業別特性に着目してこれらの動向を見ることとする.1970～1975年においては，全ての職業の市内居住就業者が減少している.この市内居住就業者の減少が

　　a：職住分離，b：雇用機会の減少，c：職住分離及び雇用機会の減少

のいずれで生じたのかを見ることとする.

　1975～1980年になると市内居住就業者が増加している職業もある．これらの職業では市外居住者も増加しており雇用増によるものと考えられる．このため以上に加えて

表Ⅳ－5　職業別昼間就業者の

| | 就　　業　　者　　の | | | | |
| | 1970～1975 | | 1975～1980 | | 1980～1985 |
	市内居住	市外居住	市内居住	市外居住	市内居住
専門的・技術的職業従事者	△ 225	9,255	7,214	10,149	18,564
管理的職業従事者	△ 11,485	△ 2,030	△ 2,027	6,127	△ 5,527
事務従事者	△ 3,175	55,930	△ 25,568	△ 23,707	14,603
販売従事者	△ 12,055	52,705	8,518	20,311	△ 12,715
運輸・通信従事者	△ 9,540	△ 1,625	△ 6,530	△ 4,189	△ 2,544
技能工・生産工程作業者	△ 122,815	11,895	△ 42,066	7,656	△ 21,505
サービス職業従事者	△ 9,155	5,405	△ 12,145	174	△ 2,139
その他の職業	△ 750	2,015	△ 1,833	465	△ 368
分類不能	2,145	230	△ 192	578	2,893
計	△ 167,055	133,780	△ 74,679	17,564	△ 8,738

注：その他の職業：農林漁業，採鉱・採石，保安各職業の合計
資料：総務省「国勢調査」

第Ⅳ章 都市と人口─人口動態の都市力学─

　d：雇用増による市内居住者の増加

を加えた四つのパターンで各職業従事者の動向を見ていこう．

なお，それぞれは次のような基準で判断する．

　　a：職住分離：市内居住就業者は減少，これを上回る市外居住就業者の増
　　　　加があり，昼間就業者数は増加

　　b：雇用機会の減少：市内居住就業者，市外居住就業者共に減少（＝昼間
　　　　就業者数は減少）

　　c：職住分離及び雇用機会の減少：市内居住就業者は減少，市外居住就業
　　　　者は増加しているものの市内居住就業者の減少を補填できず昼間就業
　　　　者数は減少

　　d：雇用機会の増加：市内居住就業者，市外居住就業者共に増加

その結果は表Ⅳ-5のようになる．

　職住分離の現象はホワイトカラーとサービス従事者を中心に，雇用減少に
よるものは直接的生産活動の従事者を中心に進行している．また，専門的・
技術的職業従事者，事務従事者は雇用機会が増加し，人口増にプラスの影響
をもたらすようになっている．ただこの中で管理的職業従事者が雇用減少，

居住地別増減数及び人口変動要因

増　　減　　（人）			変動パターン			
1985〜1990			1970〜1975	1975〜1980	1980〜1985	1985〜1990
市外居住	市内居住	市外居住				
42,237	9,983	26,794	a	d	d	d
△25,091	△1,734	5,770	b	a	b	a
18,429	16,573	33,840	a	b	d	d
42,155	△1,319	34,813	a	d	a	a
△2,221	△1,983	△4,800	b	b	b	b
△9,368	△10,939	705	c	b	b	b
6,651	△3,396	6,413	c	c	b	b
563	△431	1,406	a	c	a	a
1,169	4,988	6,790	d	a	d	d
74,524	11,742	111,731	c	c	a	d

サービス職業従事者が職住分離と雇用減少の双方でマイナスとなっていることが注目される．前者は管理中枢機能（中心的には本社機能）の東京集中や郊外移転などにより大阪市の中枢機能が流出しつつあること，後者は郊外の人口集積の進行によって，その地域サービスとしてのサービス雇用が市外へ移転しつつあることを示唆している．

　以上，職業別類型の視点からの分析をまとめると，大阪市の人口減少局面においては以下の諸点が影響を及ぼしていると考えられる．

① 専門的・技術的職業従事者，事務従事者などのホワイトカラー，法人向けサービスや広域的販売従事者などの職住分離の進行

② 産業構造の変化や都市経済の脱工業化に伴う，技能工・生産工程作業者など生産部門の雇用機会の減少

③ 中枢管理機能の低下（東京集中や郊外化）

④ 地域サービス雇用の郊外化

などである．

　なお，1980年以降には，専門的・技術的職業従事者，事務従事者などの雇用が増加して，人口増加に寄与する新たな動きが出てきている．

表Ⅳ－6　世帯規模

	増　減　数（人）					
	1960〜1965	1965〜1970	1970〜1975	1975〜1980	1980〜1985	1985〜1990
総世帯人員（a）	144,659	△ 175,735	△ 201,500	△ 130,438	△ 11,732	△ 29,897
普通世帯人員	131,441	△ 111,572	△ 135,374	△ 102,817	28,862	△ 35,025
1人	50,891	38,789	39,259	22,479	69,993	54,424
2人	55,410	13,900	30,634	24,220	52,216	52,912
3人	80,658	17,649	13,146	△ 15,615	19,140	13,542
4人	174,704	113,056	36,408	△ 13,232	△ 51,496	△ 43,076
5人	43,025	△ 27,915	△ 88,595	△ 41,395	△ 600	△ 78,260
6人	△ 44,808	△ 71,748	△ 95,886	△ 35,352	△ 34,980	△ 19,392
7人以上	△ 228,439	△ 195,303	△ 70,340	△ 43,922	△ 25,411	△ 15,175
準世帯人員	13,218	△ 64,163	△ 67,495	△ 29,382	△ 40,594	5,128

注：1）1985年以降は「普通世帯人員」を「一般世帯人員」に，「準世帯人員」を「施設等の世帯人員」と読みかえ
　　2）aに世帯の種類不詳を含む．
資料：総務省「国勢調査」

第Ⅳ章 都市と人口―人口動態の都市力学―

(3) 世帯構造の変化から見た人口動態

人口移動は個人としての選択のみならず，世帯の選択の結果として現れる．そこで世帯構造の変化を通して人口動態の実態に接近する．

表Ⅳ－6の世帯構造の側面から人口減少を見ると「4・5人以上の大・中規模世帯」，及び「準世帯」人員の減少という二つの要因によってほとんど説明可能である．

当初は，「5人以上の大規模世帯」の減少であったものが，1975～1980年からは「4人世帯」にまで広がってきている．このような大・中規模世帯人員と準世帯人員が減少する一方，1・2・3人の小規模世帯が増加している．この現象を説明すると考えられる要因，及びそれを裏付けると思われるデータを挙げると以下のようになる（参考図表：第2，3，4表）．

〈現象：大・中規模世帯人員の減少〉

〈要因〉①：独立・結婚を機にした大規模世帯からの世帯分離，及び独立・分離した層の郊外志向

- 6人以上世帯の市内，府下，京都・兵庫・奈良（以下隣接3府県という）及び全国における減少と市内の世帯総数の伸びの鈍化

別世帯人員数の動向

	増　減　寄　与　率（%）				
1960～1965	1965～1970	1970～1975	1975～1980	1980～1985	1985～1990
100.0	△ 100.0	△ 100.0	△ 100.0	△ 100.0	△ 100.0
90.9	△ 63.5	△ 67.2	△ 78.8	246.0	△ 117.1
35.2	22.1	19.5	17.2	596.5	182.0
38.3	7.9	15.2	18.6	445.0	176.9
55.8	10.0	6.5	△ 12.0	163.1	45.2
120.8	64.3	18.1	△ 10.1	△ 438.9	△ 144.0
29.7	△ 15.9	△ 44.0	△ 31.7	△ 5.1	△ 261.7
△ 31.0	△ 40.8	△ 47.6	△ 27.1	△ 298.1	△ 64.8
△ 157.9	△ 111.1	△ 34.9	△ 33.7	△ 216.5	△ 50.7
9.1	△ 36.5	△ 33.5	△ 22.5	△ 346.0	17.1

101

- 世帯分離層と見られる20〜34歳の有配偶率の市内・府下格差（市内が低く，府下が高い）

〈要因〉②：大規模世帯の郊外転出

- 5人世帯，及び比較的規模の大きい「その他の親族世帯」の市内減少と府下・隣接3府県の増加

〈要因〉③：子どもの誕生・入学など世帯人員の増加，ライフステージの変化の際の郊外転出

- 夫婦と子どもからなる世帯の減少（市内）と府下・隣接3府県の増加
- 4人世帯の市内減少と府下・隣接3府県の増加

〈現象：準世帯構成員の減少〉

〈要因〉：準世帯の主たる構成員たる若年単身者の居住志向の変化や世帯形成に伴う郊外転出

- 市内・府下・隣接3府県全てにおいて準世帯数・人員の減少
- 世帯分離層と見られる20〜34歳の有配偶率の市内・府下格差

以上，人口減少を世帯構造の側面から見ると，世帯単位の根強い郊外志向が現れている．このような郊外化は第1には，職住近接型の雇用機会の市外への移転，職住分離可能な雇用機会の増加という産業構造の変化によって引き起こされたものといえよう．

第2は住宅の質的・量的要因であろう．住宅ニーズが高度化する中で，市内においては高地価のために大規模世帯や世帯形成期にある層に対して，価格・広さ・設備などの質の面でそのニーズに応えられず，また開発余地の少なさゆえに十分な量の住宅供給ができなかったことが挙げられよう（表IV−7, 8, 9）．

なお，「4.3. 総合的人口回復策の策定と推進」では，「働きながら子育てできる環境整備」の重要性が強調される．

4.1.2. 住宅と人口動態

前項では人の属性（年齢・就業形態・世帯）により人口動態の実態を分析した．このような人口動態に影響を与える重要な要因として「住宅」がある．すなわち，年齢，就業形態，世帯の違いによって選択される住宅は異なるのである．以下では人口動態と住宅の関係について考察を試みる．

(1) 大阪市における住宅供給の質と量

　大都市における住宅供給には二つの弱点がある．高地価と新規開発用地の制約である．高地価は高額の住宅価格（＝入手困難性）を意味し，また，需要者の住宅費負担能力を考慮して価格を抑えると面積は狭くならざるを得ない．かつ，土地の高度利用が原則となり一戸建て住宅の供給は限定的となる．

　また，開発余地の制約，加えて，地価負担力のある他用途との競合もあり，住宅地としての利用が制限され新規住宅供給量も制約を受ける．

　このような実態を表Ⅳ－7で見ると，郊外エリアとの競争もあり新規供給住宅価格は抑えられており，このため面積の狭い住宅が供給されていることがわかる．また，1988年からの地価の急騰により，郊外と市内との地価格差は大きく拡大して，入手困難性が一層高まったことがわかる．

　次に住宅ストックの質を見ると，住宅の新規供給により，表Ⅳ－8のように年々市内の住宅の質は向上してきている．しかし，府下は隣接3府県に5年程度の遅れ，市内はその府下にさらに5～10年の遅れがあるように思われる．

　供給量については表Ⅳ－9のとおりである．郊外における住宅の新規供給が市内のそれの3.5倍から6.5倍にのぼり郊外住宅地の開発が進んだことがわかる．

　このような住宅要因の影響により，

- 年功序列型給与体系の下で家賃負担力や住宅購買力の低い若い世帯形成層

表Ⅳ－7　新規供給民間分譲マンション1戸当たり面積と価格

		1981	1982	1983	1984	1985	1986	1987	1988	1989	1990
面積 (㎡)	近畿	67.86	68.54	66.24	61.39	62.01	66.75	67.83	67.72	70.99	71.26
	大阪市	57.93	61.00	62.19	53.02	56.63	63.44	63.25	54.49	57.39	52.63
	大阪市/近畿	0.85	0.89	0.94	0.86	0.91	0.95	0.93	0.80	0.81	0.74
価格 (万円)	近畿	2,150	2,226	2,173	2,025	2,071	2,199	2,426	2,887	3,998	5,279
	大阪市	1,926	2,000	2,083	1,848	1,961	2,141	2,371	3,235	5,099	6,348
	大阪市/近畿	0.90	0.90	0.96	0.91	0.95	0.97	0.98	1.12	1.28	1.20

出所：大阪市「大阪市の住宅施策・資料編」
資料：CRI（Comprehensive Real-estate Information）

表Ⅳ-8　大阪圏の居住水準の推移

（単位：％）

		最低居住水準未満世帯数	最低居住水準以上平均・誘導居住水準未満世帯数（a）	平均・誘導居住水準以上世帯数
大 阪 市	1978	30.5	47.9	21.6
	1983	23.4	47.2	29.3
	1988	22.0	49.6	27.7
	1993	17.0	54.7	26.3
	1998	12.5	53.5	31.1
大阪府下	1978	20.5	50.5	29.0
	1983	16.6	45.9	36.8
	1988	13.2	48.7	35.9
	1993	10.1	55.3	32.1
	1998	7.0	51.9	38.4
隣接3府県	1978	16.5	43.6	39.8
	1983	12.4	39.6	45.9
	1988	10.1	43.0	45.1
	1993	7.7	50.7	39.9
	1998	4.9	46.4	45.9

注：1）基準概念の変更のため，
　　　（a）：1978，1983 年は平均居住水準，1988 年は都市居住型誘導居住水準
　　　　　　1993，1998 年は（都市居住型誘導居住水準＋一般型誘導居住水準）を用いている
　　2）居住水準「不詳」を含むため合計は必ずしも 100.0 とはならない
　　3）隣接3府県とは京都府，兵庫県，奈良県，以下同じ
資料：総務省「住宅・土地統計調査」

表Ⅳ-9　着工新設住宅数の推移

（単位：戸）

	1969～1973	1974～1978	1979～1983	1984～1988	1989～1993
大 阪 市（a）	180,734	151,160	162,560	218,092	155,368
府 　 下（b）	543,331	345,041	253,952	275,966	279,058
隣接3府県（c）	624,869	521,979	434,495	490,360	508,037
（b+c）/a	6.46	5.74	4.24	3.51	5.07

資料：国土交通省「建築着工統計」

- 子どもの誕生・入学などによって広い住宅を必要とする子育て層
- 広い住宅を必要とする大規模世帯
- ホワイトカラー，サービス産業従事者など職住分離が可能な就業者の世帯

- 一戸建て志向世帯

などが郊外転出していると考えられる.

(2) 仮設ケーススタディ―住宅供給による人口変動―

　以下では住宅の新規供給が人口動態にどのようなインパクトを与えるかについての考察を行う（図Ⅳ－4）.

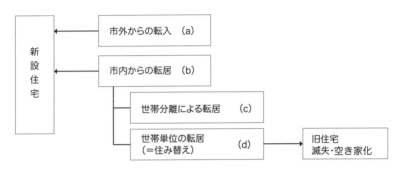

図Ⅳ－4　住宅の新規供給に伴う世帯・人口の動態

　新規の住宅供給があると，市外からの転入（a）と市内からの転居（b）の2ルートによる入居がある．また，市内からの転居（b）は世帯分離による転居（c）と，世帯単位での住み替え（d）に分けられる．その意味するところは次のようになる.
　(a)…人口転入及び世帯数増加
　(b) → (c)…人口不変，世帯数（居住住宅数）の増加
　　　→ (d)…人口・世帯数不変，従前住宅の滅失・空き家などの増加[1]
筆者の当時の調査・考察の記憶をたどれば，各々の係数はおおまかには
　(a)：0.4，(b)：0.6，(c)：0.6×0.7=0.42，(d)：0.6×0.3 = 0.18
程度と記憶している.
　ここでは，この係数を用いて新規住宅供給の人口への影響を見てみることとする.

表IV−10 住宅動態推計表

	1979〜1983			1984〜1988		
	戸数 （戸）	構成比 （％）		戸数 （戸）	構成比 （％）	
新設住宅総数（a）	162,560	100.0		218,092	100.0	
住宅ストック増加数（b）	61,610	37.8	100.0	112,510	51.6	100.0
推計減失住宅数（c） （a-b）	100,950	62.1		105,582	48.4	
空き家等増加数（d）	28,360		46.0	40,600		36.0
居住住宅増加数（e） （b-d）	33,250		54.0	71,910		64.0

資料：a）国土交通省「建築着工統計」
　　　b），d）総務省「住宅統計調査」

　1984〜1988年の大阪市内の新規住宅供給数は「建築着工統計」に基づくと，218,092戸である．すると，

　(a)　218,092 × 0.4=87,236

　(b)　218,092 × 0.6=130,855

　(c)　130,855 × 0.7=91,598

　(d)　130,855 × 0.3=39,257

と推定できる．

　一方，表IV−10のとおり，全体の減失・空き家などの増加は合計で，105,582+40,600=146.182となる．

　したがって，新設住宅への世帯単位の転居に伴う空き家以外の残りの空き家の増加は146,182 − 39,257 = 106,925となり，これは，市外への転出によるものであると推定される．

　この仮設モデルによると1984〜1988年の間の人口増加効果は，1世帯当たり人員を2.70（1985年当時）とすると，

　(87,236 × 2.7) − (106,925 × 2.7) = − 53,160

となる．すなわち53,160人の転出超過である．

　また，世帯数（居住住宅数）の増加数（e）は

　87,236+91,599 − 106,925=71,910

となる．

第Ⅳ章│都市と人口─人口動態の都市力学─

　これらの推計値を実際の数字と照らし合わすと，実際の転出転入の差は35,747人の転出超過で，仮設モデルによる推計値53,160人は約2万人過大となっている．この間の実際の転入91万人，転出は94.5万人の大規模な流動になっており，その中での2万人の差異ということである．また，居住住宅数の増加は推定数71,910に対し，実際の値（住宅統計調査）では71,830で，ほぼ同一値と見なすことができる．

　したがって，これらの係数を正確に設定することで，より充実した推定モデルが構築できるであろう．

　以上の考察から次のようなことが明らかになる．

① 新規住宅の人口増加効果は全戸数の約4割程度と推定される．

② 一方，既存住宅ストックを舞台とした大規模な人口の市外純転出（転出＞転入）により，合計では人口流出となっている．すなわち，住宅が建ち，全戸に入居があったとしても人口が減少することがありうる．

③ その原因は既存住宅の減失，空き家などの増加である．したがって人口定着のためには，既存住宅対策が極めて重要で，これを修復・更新して入居を促進することが，新規住宅供給の増加を図ることと合わせて重視される必要がある．

④ 市外からの転入世帯と市内の世帯分離により，市外転出が多いものの世帯数は増加しており，その結果1世帯当たり人員の減少が継続している．

107

【コラム3】
工場跡地に住宅建設したケースの人口変動効果試算

　人口動態に大きな影響を持つ住宅供給の影響分析を試みたが，次にもう一つの重要要因である雇用について検討する．重要なことは，この二つの要素が独立したものではなく，経済学でいうトレードオフの関係にあることである．様々な機能が集積している大都市において住宅を建設することは，その土地を他用途に活用する機会を断念することなのであるから（「第Ⅲ章　都市と経済」パリ市の認識にもあるように）．

　例として，ある地域に従業員1,000人の工場があるとしよう．就業率を50%と仮定するとその工場は2,000人の人口をサポートしていることになる．その工場が市外（市内から通勤できない遠隔地）へ移転すると，この1,000人の雇用と2,000人の人口の流出をもたらすこととなる．その跡地に1,000戸の高層住宅群が建つとしよう．そうするとそのエリアだけで見ると3,000人（1,000戸×3人）人口が増加することとなる．しかしその3,000人の60%は前述のように，市内からの住み替えになるので市全体の人口増加効果は3,000×0.4＝1,200人となる．つまり市全体では800人の人口減少となるのである．

　したがって，人口増加という政策課題の下で未利用地の開発を考える場合にあっても住宅開発による直接人口増加効果をめざすのか，また，雇用機会の増加（昼間就業者の増加）を図る開発によって市内居住就業者の増加を図り，人口増加をめざすのかということはよく比較検討されなければならない．前者においてはそこに市内から住み替えてくる人々の旧住宅の修復・更新（もちろん，市外への純転出者の旧住宅についても）が重要な課題であることは前述のとおりである．

4.1.3. 地方圏・東京圏との人口移動及び自然動態
（1）地方圏からの転入縮小

　1965年以降の大阪市人口の減少要因は高水準の転出による社会減少であったことは見てきたとおりであるが，地方圏からの転入人口の規模縮小も要因の一つである．

　「年齢別の転出入」（p.90）で明らかなように，大都市圏への移動が始まるのは年齢が15～19歳に達してからである．その源泉となるのは地方圏における5年前の10～14歳層であり，この層が15～19歳になるときから移動を

第Ⅳ章　都市と人口—人口動態の都市力学—

表Ⅳ－11　地方圏10～14歳層の年齢ステージ別大都市圏への転出動向

(単位：1,000 人，%)

地方圏	大阪圏への転出					東京圏への転出				
10～14歳 人口	15～19	20～24	25～29	30～34	35～39	15～19	20～24	25～29	30～34	35～39
1955 年： 6,886	283 (4.1)	186 (2.7)	12 (0.10)	△35 (△0.5)	△49 (△0.7)	549 (7.9)	566 (8.2)	△20 (△0.2)	△27 (△0.3)	△60 (△0.8)
1960 年： 7,922	317 (4.0)	199 (2.5)	△51 (△0.6)	△72 (△0.9)	△34 (△0.4)	604 (7.6)	680 (8.5)	△106 (△1.3)	△108 (△1.3)	△29 (△0.3)
1965 年： 6,636	230 (3.4)	141 (2.1)	△103 (△1.5)	△30 (△0.4)	△30 (△0.4)	508 (7.6)	588 (8.8)	△233 (△3.5)	△33 (△0.4)	△20 (△0.3)
1970 年： 5,521	127 (2.3)	69 (1.2)	△70 (△1.2)	△33 (△0.5)		345 (6.2)	443 (8.0)	△143 (△2.5)	△17 (△0.3)	
1975 年： 5,258	59 (1.1)	71 (1.3)	△96 (△1.8)			233 (4.4)	457 (8.6)	△96 (△1.8)		
1980 年： 5,369	47 (0.8)	33 (0.6)				197 (3.6)	474 (8.8)			
1985 年： 6,008	41 (0.6)					214 (3.5)				

注：1）地方圏10～14歳層の成長に伴う大阪圏・東京圏との転出入動向を示す，△：大都市圏からの
　　転出を表す
　　2）（　）内は転出入率
　　3）大阪圏：大阪府，京都府，兵庫県，奈良県／東京圏：東京都，神奈川県，千葉県，埼玉県，
　　以下同じ
資料：総務省「国勢調査」

開始するのである．そこで，この10～14歳層が年ごとにどのように増減し
ているのか，また，年を経るごとに大都市圏との間でどのような移動傾向を
示しているのか見ることとする．

　この表Ⅳ－11からわかることは以下のような諸点である．

①　地方圏の10～14歳人口は第2次ベビーブーム世代の出現により1975～
　1985年にかけて増加したが，長期トレンドとしては減少を続けている．

②　15～19歳時に地方圏から大都市圏へ転出する．その転出率は年々特
　に1965年以降顕著に低下している．これについては，地方圏高校卒
　業者の自県内就職率の上昇，及び自県内大学進学率が上昇しつつある
　（特に1986年まで）ことなどがデータで確認できる（参考図表：第5
　表－1，2）．

③　もう一つの主要転出層は20～24歳層である．この層では大都市圏への
　転出傾向の鈍化は見られない．しかしその転出先を見ると，大阪圏へ

109

の転出は1965年以降大幅に低下してきているが，東京圏への転出は拡大しつつある．この点で，大阪圏と東京圏の違いが鮮明となっている．

④　このことから15～19歳時は地元定着傾向，20～24歳時は経済構造の変化に伴い高次の就業・就学機会を提供する大都市圏，特に東京志向パターンが出現している．

⑤　25歳以上になると逆に大都市圏から地方圏への移動が行われている．その転出率は25～29歳層が最も高く，年齢が上がれば低下してはいくが転出傾向は継続している．また，25～29，30～34歳層では，大阪圏よりも東京圏からの転出率が総じて高くなっている（[コラム4] 参照）．

　以上のように，東京圏が知識・情報社会化が進む中で，その高次な就学・就業機会によって20～24歳層を中心に根強い人口吸引力を発揮していることがわかる．一方で，少子化による10～14歳の大都市転出予備軍の減少，15～19歳層の地方定着，25歳以上の「脱大都市圏」の傾向などにより，東京への集中傾向は根強く続くものの，長期的には大都市圏への地方圏からの流入は縮小し，各々が自立性を高めつつ相互連携を強めていく方向に向かうと見ていいのではなかろうか[2]．

(2) 東京圏への転出継続

　大阪市と他圏域との関係を示したものが表IV－12である．5年間に1.0～1.5万人程度が東京圏へ転出を続けている．この背景としては，大阪から東京への本社機能の移転など高次都市機能の東京一極集中，及び若者を惹きつける就学機会，情報サービス業・研究開発型企業，また将来性のあるスタートアップ企業など就業機会の差があると考えられる．

(3) 大阪市の自然動態

　大阪市の人口動向は見てきたように社会動態に大きく影響を受けてきた．しかし，地方からの転入は縮小し，転出が増加して社会減の状況が続いているため人口増減要因のもう一つの要素である自然動態の影響度が高まってきている（表IV－13）．

　大阪市の出生数は1965年に62,003人であったが低下を続け，1990年には

第Ⅳ章｜都市と人口―人口動態の都市力学―

表Ⅳ－12　大阪市と各地域間の人口移動

（単位：1,000人）

		1966～1970	1971～1975	1976～1980	1981～1985	1986～1990
転入	総　　数	995.4	762.1	605.8	552.9	517.7
	府　　下	289.3	275.0	253.2	231.6	207.5
	隣接3府県	176.0	132.9	116.5	110.3	105.2
	東　京　圏	53.5	45.8	37.4	37.8	39.5
	他　地　域	476.6	308.2	198.6	173.3	165.5
転出	総　　数	1,343.7	1,127.1	791.1	620.2	590.3
	府　　下	707.5	570.1	379.2	284.2	254.0
	隣接3府県	232.8	193.7	147.3	124.5	133.8
	東　京　圏	73.4	60.8	47.0	47.1	52.8
	他　地　域	330.1	302.5	217.6	164.3	149.8
純転入	総　　数	△ 348.3	△ 365.6	△ 185.3	△ 67.3	△ 72.6
	府　　下	△ 418.2	△ 295.1	△ 126.0	△ 52.6	△ 46.5
	隣接3府県	△ 56.7	△ 60.8	△ 30.7	△ 14.2	△ 28.6
	東　京　圏	△ 19.8	△ 14.9	△ 9.5	△ 9.4	△ 13.3
	他　地　域	146.5	5.8	△ 19.1	9.0	15.7

資料：総務省「住民基本台帳人口移動報告」

　25,065人となっている．府下の出生状況と比較すると，1955年における出生
数比は人口比とほぼ同水準であったが，1960年には人口比を下回り，それ
が1990年まで継続しており，市内における出生数は人口規模から見て著し
く低いという結果となっている．

　出生数に影響を与える因子としては①20～39歳の女子人口（主要結婚・
出産期人口ともいえる）の規模，女性が一生のうちに産む子どもの数である
②合計特殊出生率の水準の二つである．

　これらのうち，まず①の主要結婚・出産期人口比を人口総数比と比べる
と，1955年から1960年までは市内の結婚・出産期人口比が相対的に高く，
大阪市の人口構造が府下のそれと比べて若く，出生数を規定する母数は大き
かった．しかし，1965年以降はこの比率が人口総数比を下回っている．

　また②を比較すると，市内と府下に大きな差がある．市内居住女性1人当
たり生涯出産数は府下と比して少なく，またその低下が続いている．

　以上，二つの因子により出生数の減少が続いているのが現状である．①

表Ⅳ－13　出生数関連指標

			1955	1960	1965	1970	1975	1980	1985	1990
出生数 （人）	大　阪　市		40,731	51,632	62,003	53,165	39,197	28,919	28,369	25,065
	府　　　下		32,643	43,380	85,246	116,715	111,456	83,037	71,959	61,775
	大　阪　府		73,374	95,012	147,249	169,880	150,653	111,956	100,328	86,840
	市/府下（倍）		1.248	1.190	0.727	0.456	0.352	0.348	0.394	0.406
20～39歳 女子人口 （人）	大　阪　市		449,384	546,638	595,503	566,837	481,819	417,481	397,690	378,287
	府　　　下		346,862	442,292	678,864	941,336	1,049,926	1,003,085	935,403	866,102
	大　阪　府		796,246	988,930	1,274,367	1,508,173	1,531,745	1,420,566	1,333,093	1,244,389
	市/府下（倍）		1.295	1.235	0.877	0.602	0.458	0.416	0.425	0.436
人口 （千人）	大　阪　市		2,547	3,011	3,156	2,980	2,779	2,648	2,636	2,624
	府　　　下		2,071	2,494	3,501	4,640	5,500	5,825	6,032	6,111
	大　阪　府		4,618	5,505	6,657	7,620	8,279	8,473	8,668	8,735
	市/府下（倍）		1.230	1.207	0.901	0.642	0.505	0.455	0.437	0.429
合計特殊 出生率	大　阪　市		1.97	1.80	2.04	1.91	1.62	1.48	1.59	1.40
	大　阪　府		1.76	1.81	2.20	2.17	1.90	1.67	1.69	1.46

資料：1）出生数，合計特殊出生率：厚生労働省「人口動態統計」
　　　2）人口，20～39歳女子人口：総務省「国勢調査」

　の要因として考えられるのは20～39歳層は世帯形成及び子育て世代であり，これらの市外転出により主要結婚・出産期人口が減少し，出産数の低下に繋がっている．このことは，人口の社会動態が自然動態にも影響し，二重のルートで人口減少をもたらしていることを示している．また，②の要因としては市内居住女性の就業率が高いことや有配偶率が低いこと，さらには，市内の

表Ⅳ－14－1　女性（15～49歳）未婚・有配偶率（1985年）

（単位：人，％）

	総数（a）	未婚（b）	有配偶（c）	b/a	c/a
大阪市	698,888	268,027	393,422	38.4	56.3
府　下	1,670,016	541,891	1,064,594	32.4	63.7
大阪府	2,368,904	809,918	1,458,016	34.2	61.5
東京都	3,231,731	1,321,532	1,758,841	40.9	54.4
区　部	2,293,472	983,390	1,215,202	42.9	52.9
全　国	30,852,494	10,023,743	19,619,056	32.4	63.6

資料：総務省「国勢調査」

表Ⅳ-14-2　女性の労働力状況（1985年）

(単位：人，％)

	女性総数 （a）	労働力人口 （b）	主に仕事 （c）	家事のほか仕事 （d）	c+d/a	c/a
大阪市	1,106,833	530,729	300,711	195,919	44.9	27.2
府　下	2,371,769	981,306	536,872	390,008	39.1	22.6
大阪府	3,478,602	1,512,035	837,583	585,927	40.9	24.1
東京都	4,833,780	2,322,767	1,371,286	810,354	45.1	28.4
区　部	3,482,297	1,738,610	1,044,092	588,288	46.9	30.0
全　国	48,843,175	23,318,885	13,682,462	8,614,276	45.6	28.0

資料：総務省「国勢調査」

住宅の質が子育て世代のニーズに応えきれていないことなどが考えられる．

4.1.4. まとめ

これまでの分析から大阪市人口の減少要因は図Ⅳ-5のように整理できる．

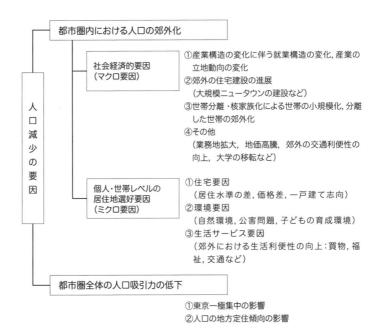

図Ⅳ-5　人口・社会減少の要因

以上のような分析結果から，大阪市の人口減少を食い止めるには次のような対策が必要であるとの認識が共有できよう.

① 　人口減少対策としても産業政策が重要である.

  • 特に勤労者が職住近接型であり，市外転出傾向の強い製造業を都市型・高付加価値型に転換し，可能な限り市内に保持する

  • 地方圏からの転入促進，東京圏への転出抑制のため，若者に魅力のある就業・就学機会の拡充，また本社機能・研究開発機能などの高次経済機能の保持・充実を図る

② 　転出の主要な階層である世帯形成層・子育て層のニーズに対応した施策の充実，特にそのニーズに対応した住宅，仕事と子育て両立可能な環境整備や子どもの健全育成環境の充実を図る

③ 　産業構造の変化に伴い増加しつつあり，かつ職住分離傾向の強い第3次産業就業者，ホワイトカラーなどの居住ニーズに対応した居住環境をつくり市内居住を促す

④ 　住宅の新設に加え，古い住宅ストックの修復・更新を進め，住宅の質の向上を図り，空き家の発生を極力抑制する

⑤ 　ライフステージごとに異なる居住ニーズに応じて，住み替え可能なシステムを構築する

などである.

第IV章　都市と人口—人口動態の都市力学—

【コラム4】　大都市志向と習慣形成

　経済学に消費行動における「習慣形成」という概念がある．消費は所得の関数であり，所得が向上すれば消費は増加する．しかし，一度所得が上がり消費が増加すると，その後たとえ所得が下がっても，一旦到達した消費行動が習慣化され，消費水準を切り下げようとしない．このように消費者の選好は過去の消費行動の影響を受ける．この現象を「習慣形成」と呼ぶ．

　井原哲夫氏はその著[3] の中で，巨大都市への人口集中の要因として，この習慣形成概念の重要性を指摘している．「大学が巨大都市，特に東京に集中しているから地方の人々が巨大都市へ遊学する．東京の大学での4年間の間に東京の都市の魅力に富んだ生活形式に慣れて，東京を離れることに抵抗を感じるようになる．そして多くの学生が東京に本社のある大企業に就職する」

表IV−15　移住型就職率の推移

(単位：%)

	1978	1979	1980	1981	1982	1983	1984	1985	1986	1987	1988	1989	1990
東京都内就職率	55.3	60.0	59.9	64.1	63.7	65.0	65.6	66.0	68.2	70.8	70.6	72.2	71.7
移住型就職率	43.1	47.1	47.1	52.4	53.9	…	54.6	55.8	58.5	60.4	61.9	65.7	64.1
大阪府内就職率	56.0	55.9	55.7	56.4	54.4	56.0	56.9	52.7	50.3	52.1	50.1	49.8	48.0
移住型就職率	36.0	36.0	33.8	32.8	35.0	…	35.8	32.9	35.0	35.0	35.7	32.2	35.3

注：1）都・府内就職率：都・府内の大学を卒業し，就職した者のうち，都・府内に就職した者の割合
　　2）移住型就職率：各々東京都，大阪府内の大学に進学した他県高校出身者のうち，卒業後都・府内に就職した者の割合
資料：文部科学省「学校基本調査」

　しかしながら，25歳以上ではこのような「習慣形成」にもかかわらず大都市圏から地方圏への純転出となっている．このことは地方圏においても大都市型ライフスタイルが可能となったのか，または，地方型ライフスタイル志向が高まっているのか，及び両方の相乗効果かということになる．

4.2. 「大阪市総合計画21」における人口指標の設定

　前節で見てきた人口動向の実態や要因分析を基礎に「総合計画21」の計画編（目標年次：2005年）の人口指標の設定が行われた.

4.2.1. 人口指標設定の3視点

　1985年の大阪市の常住人口は264万人で，年間約6,700人の転出超過であった（表Ⅳ-16）. その状況下で，2005年の人口をどの水準に設定するかについて，次の3視点からアプローチすることとなった.

①　実現の可能性（＝困難性）

　　転出が続く中で，これを抑える，また逆転させるとしても実現が可能と思われる水準を見出す

②　人口構成のバランスの確保

　　特に高齢化が進む中で高齢化率の急伸を抑え，また流出が顕著な世帯形成層や子育て層の市内定着を図る

③　受け入れ可能性

　　市域の中で，経済活力とアメニティ豊かな居住空間の両立を図る

　具体的には，①300万人 ②280万人 ③260万人の3ケースを設定し，各々のケースの意味するところを検討することとなった.

4.2.2. 各ケースの意味と大阪市の選択

　「①実現の可能性（＝困難性）」については必要な転入超過数から検討することとなった. 当時は前述のように年6,700人程度の転出超過であった. 各々のケースごとにこれを推定したのが表Ⅳ-16である. なお，就業人口は「第Ⅲ章 都市と経済」で選択したシナリオ2に基づき260万人とした. これによると，300万人達成のためには年間12,000人の転入超過が必要とされ，280万人のケースは2,000人の転入超過，260万人のケースではさらに転出が拡大するというものであった.

　現状の6,700人程度の転出超過を12,000人の転入超過に持っていくのは非常に困難であるとの評価，また逆に現在の転出超過がさらに拡大すること，特

第IV章 都市と人口—人口動態の都市力学—

表IV－16 常住人口のケース比較

常住人口として300万人, 280万人, 260万人の3ケースを置き各ケースについてシナリオ2（表III－9）で想定した市内就業人口（260万人）との関係, 及び人口増加の状況について示すと次のとおりである.

| | 常住人口
（万人） | 就業人口 | | 人口増加の状況 | |
		常住人口のうち 市内・市外で就 業している人 A（万人）	市外から通勤 してくる人 B（万人・%）	増加する市内 就業人口の 市内居住率 C（%）	転入超過 D（人／年）
	300	150	130（50）	70	12,000
2005	280	140	140（54）	33	2,000
	260	130	150（58）	0	△ 8,000
現 状 （1985）	264	131	122（52）	－	△ 6,700

注：A）常住人口の50%が就業者であると仮定（現状49.6%）
　　　このうち20万人は市外で就業するものと見込む（現状程度）
　　B）（市内就業人口・260万人）－（A－20万人）
　　　また,（ ）内は市内就業人口260万人のうち,（B）の占める割合
　　C）市内就業人口の増加（27万人）のうち, 市内で居住する人の割合
　　D）1985～2005年の自然増加をこれまでの傾向から12万人と想定して算出
　　　（例）　人口増－自然増　＝ 年
　　　　｜（300－264）－12｜÷ 20 ＝ 1.2
出所：大阪市「大阪市総合計画21策定資料」

に, 流出は人口構成の不均衡化をさらに進めるため, これを看過することは計画という性格上望ましくないとの評価であった. これに対し, 年間2,000人の転入超過へ持っていくのは努力が必要であり, 必ずしも容易ではないが政策努力を行うことを前提に280万人の実現をめざすことが適切との評価となった.

　次に②の「人口構成のバランスの確保」という点については, 一つの評価軸として高齢化率が採用された. 各々のケースの年齢構成を見ると, 人口総数が異なる3ケースとも高齢人口は約50万人でほぼ変わらないと推計された. つまり, 人口が増えれば高齢化率は低くなり, 人口が減少すれば高くなるという関係である.

　当時の大阪府・全国の2005年における予測高齢化率は各々16.8%, 18.0%となっており, 大阪市は大都市として少なくとも全国平均より低い数値をめざすべきであるとのことで, この点からも17.5%の280万人が妥当との評価であった.

　人口構成の均衡化のために不可欠な世帯形成層や子育て層の確保についても, 人口の流出防止, 人口増加努力を行いながら実現をめざすのが現実的であることからも280万人が評価された.

117

表Ⅳ－17 各常住人口の年齢構成比較

(単位：万人，％)

	大阪市				大阪府			全国		
	1985	2005			1985	2005	2010	1985	2005	2010
		280	260	300						
0〜14歳	48 (18.1)	45 (16.5)	40 (15.5)	50 (16.5)	185 (21.3)	164 (17.9)	158 (17.3)	2,604 (21.5)	2,516 (18.7)	2,530 (18.6)
15〜64歳	189 (71.5)	185 (66.0)	170 (66.0)	200 (67.0)	609 (70.3)	601 (65.4)	574 (62.9)	8,253 (68.2)	8,489 (63.2)	8,342 (61.4)
65歳以上	27 (10.3)	50 (17.5)	50 (18.5)	50 (16.5)	72 (8.3)	154 (16.8)	181 (19.9)	1,247 (10.3)	2,420 (18.0)	2,710 (20.0)
総数	264 (100.0)	280 (100.0)	260 (100.0)	300 (100.0)	867 (100.0)	920 (100.0)	913 (100.0)	12,105 (100.0)	13,425 (100.0)	13,582 (100.0)

注：1) 大阪市：①推計方法：コーホート要因法
　　　　　　　②推計の前提：出生率…1980〜1985年値で固定
　　　　　　　　　　　　　　死亡率…低下していくものと想定
　　　　　　　　　　　　　　年齢別純移動率…20〜24歳については1980〜1985年の3倍まで転入
　　　　　　　　　　　　　　　　　　　　　　超過が拡大，25〜54歳については転出超過から転
　　　　　　　　　　　　　　　　　　　　　　入超過に向かうものと想定
　　　2) 大阪府・全国：厚生省人口問題研究所の資料による
　　　　　大阪府…「都道府県別将来推計人口」純移動率一定のケース
　　　　　全　国…「日本の将来推計人口」中位推計
　　　3) （　）内は構成比
出所：表Ⅳ－16に同じ

　以上から，ケース②280万人が妥当とされた．

　次にその280万人を市域において受け入れる容量があるかという点について
チェックを行った．そのプロセスは

①　280万人を受け入れるには新たに40万戸の住宅建設が必要である．このう
　　ち20万戸は新規建設で，20万戸は既存住宅の更新で供給する（図Ⅳ－6）．

②　新規建設20万戸のうち14万戸は新たな土地の上に建設，6万戸は土地
　　の高度利用で対応する．

③　新規14万戸建設に必要な土地面積は約500ha．これを臨海部の土地利用
　　の転換や新規埋め立て地で確保する

というものであった．

　結論としては大阪市域で280万人を受け入れる空間的容量があるとの結果で
あった．これらの検討を経て，280万人が人口指標として設定された．

第Ⅳ章 | 都市と人口—人口動態の都市力学—

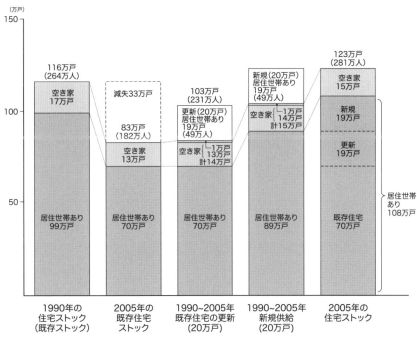

注：2005年を以下の前提で試算
　1）1戸当たり人員：2.6人／戸（1990年推定2.66人／戸）
　2）1人当たり床面積：30㎡／人
　3）空き家率：12.5%（既存住宅15%，新規・更新住宅5%）
出所：大阪市「大阪市総合計画21策定資料」

図Ⅳ-6　280万人を受け入れる住宅供給の見通し

4.3. 総合的人口回復策の策定と推進

4.3.1. 総合的人口回復策の立案
(1)「総合計画21」策定後の急激な環境変化

　既述のとおり大阪市の人口は1965年の316万人をピークに1985年には264万人と約50万人の急速な減少を経験してきた．その後は減少しつつも微減にとどまっていた．推計人口で年ごとに見ると1982年に262万人で底をうち増加に転じていたのである（図Ⅳ-7）．

　しかし，1987年以降急激な地価高騰が生じ，民間分譲マンション価格の年収倍率は1987年の4.2倍から1990年の12.6倍へと急拡大するに至った．こ

119

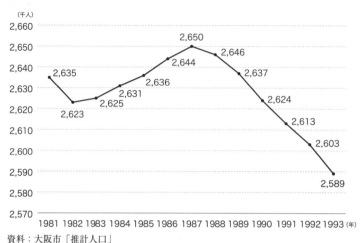

資料：大阪市「推計人口」

図Ⅳ-7　1990年前後の大阪市推計人口

の地価高騰はまず都市の中心部で起こり，それが周辺に拡大していったが，中心部における急激さ，水準の高さにより市内と郊外の間に大きな格差が生じ，大阪市内の住宅価格の高騰と住宅新設戸数の急激な減少を招き，大阪市がめざす都心居住の推進は極めて困難な状況に直面する事態となった（図Ⅳ-8及び表Ⅳ-9）．

地価高騰という新たな事態のもとで目標人口280万人達成に向けた抜本策の必要性が認識され，総合的な人口回復策の立案とその推進が市政運営上の重要な課題となった．

このため，1992年から対策の検討が開始され，1993年12月に「新たな都市居住魅力の創造」[4]というタイトルの総合的な人口回復策がまとまり，1993年度から施策を推進することとなった．

(2) 人口回復を図る基本的な考え方

その検討に当たり，基本姿勢，及び主要なターゲット層を以下のように明確化した．

《基本姿勢》

① 大阪市の人口は，「構成のアンバランス化を伴いながら減少している」

第Ⅳ章 都市と人口—人口動態の都市力学—

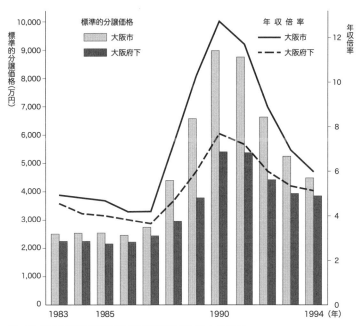

注：1）標準的分譲価格は住戸専用面積を75㎡として計算
　　2）年収倍率は標準的分譲価格を貯蓄動向調査の京阪神都市圏通勤者世帯平均収
　　　入で除した値
資料：CRI, 貯蓄動向調査
出所：大阪市「大阪市の住宅施策」(1995)

図Ⅳ−8　年収と民間分譲マンション価格

のである．このため，人口構成の均衡化・バランス化を追求することによる回復をめざす．
② 大都市の宿命ともいえる高地価の影響を軽減し，また，快適環境をつくり出す新発想の施策の導入を図る．
③ 大阪が有する職住近接性，高度な都市集積などを最大限に生かして，郊外とは異なる大都市居住が持つ魅力の明確化とその一層の充実を図る．

《ターゲット層》

　人口構成の均衡化を図るには転出傾向の顕著な世帯形成層・子育て層，また職住分離傾向の強い第3次産業従事者や管理的職業従事者，専門的・技術的職業従事者などホワイトカラーの市内定着を図ることが不可欠であるため，これらをメインターゲット層に設定した．

121

さらに，東京圏への若者層の根強い流出や中枢機能の一極集中に対して，若者に対する魅力ある就学・就業機会の提供や，今後の高次都市機能を担う国際ビジネス，文化・芸術分野などの人材の市内居住ニーズにも対応することを視野に入れることとした．

(3) ライフステージ別居住ニーズの把握

　人口構成の均衡化には，ライフステージに変化があっても住み続けられることが基本となる．そこで，ライフステージごとに異なる居住地選択の要因を把握するための調査を実施した．その結果の概略が表Ⅳ-18である（より詳しい結果は「新たな都市居住魅力の創造」資料編参照）．

　若年期の転居要因の第1は「仕事の都合」で「住宅事情」が第2位となっている．世帯形成期は「結婚のため」「住宅事情」，子育て前期・後期は「住宅事情」「生活環境」，熟年期も「住宅事情」「生活環境」，高齢期は「住宅事情」「同居・近居」となっている．

　全てにわたって住宅事情が出てきている．これらを総合すると「仕事の都合」「結婚のため」「住宅事情」「生活環境」が重要な要因といえる．

　一番多く挙げられている住宅事情の内容を見ると，若年期から子育て前期までの若い世代は家賃が高いことが大きなネックになっており，それ以降は住宅が狭い，一戸建て志向が出てきている．したがって住宅要因は価格と広さの問題と考えられる．

　生活環境としては，全ての層で自然環境が出てくるが，これを除いて特徴

表Ⅳ-18　転居の主要な要因

ライフステージ	転居要因	「住宅事情」の内容	「生活環境」の特徴
若年期	「仕事の都合」「住宅事情」	家賃が高い，構造・設備	通勤・通学
世帯形成期	「結婚のため」「住宅事情」	家賃が高い，住宅が狭い	育児環境・公害
子育て前期	「住宅事情」「生活環境」	住宅が狭い，家賃が高い	育児環境
子育て後期	「住宅事情」「生活環境」	住宅が狭い，一戸建て志向	公害
熟年期	「住宅事情」「生活環境」	住宅が狭い，一戸建て志向	公害
高齢期	「住宅事情」「同居・近居」	住宅が狭い，立ち退き	福祉サービス

注：「生活環境」には全ての層で「自然環境」が出てくる．表にはそれ以外の特徴的なものを記載している．
資料：大阪市「人口移動要因調査」（1993年）

第Ⅳ章 都市と人口—人口動態の都市力学—

あるものを挙げると，若年期は「通勤・通学」が第1となっている．世帯形成期は「育児環境」「公害問題」，子育て前期は「育児環境」，子育て後期以降は「公害問題」である．つまり自然環境，いわゆる緑，それからターゲット層である世帯形成・子育て層の育児環境，この2要素が大きな課題であることが示されている．

(4) 大都市居住魅力の明確化と弱点の克服

人口の市内定着のためには，大都市として大阪が持つ強みを生かすことが基本であり，その強みの第1は職住近接性にある．1990年の国勢調査によれば，市内居住者の通勤・通学時間の平均は25.6分であり，市外から通勤・通学する者の平均61分と比して極めて有利な状況にある．必要通勤時間で見ると市内居住者は1時間以内が92%，これに対して市外居住者は36.2%と明確な差がある．

女性の社会進出が進展し，子育てと仕事を両立するライフスタイルが一般化する中では，職住近接性の価値は極めて高いと考えられる．またワークライフバランスが求められる時代において，短い通勤・通学時間から生み出される自由時間の価値はますます貴重となってくるであろう．

強みの第2は都市ストックとの近接性である．大阪はこれまでの都市整備によって様々な都市施設，都市基盤の充実に努めてきた．その結果，高度な医療システム，文化芸術施設，学習・教育施設，ショッピング施設，交通機関などの生活基盤が高密度に整備され，集積するに至っている．これらが身

表Ⅳ-19 大阪市への通勤・通学時間の状況 (1990年)

	平均所要時間 (分)	通勤・通学者の割合 (%)					
		0～19分	20～39分	40～59分	60～89分	90～119分	120分以上
大阪市への通勤・通学者							
市内に常住	25.6	41.9	32.1	18.0	7.5	0.4	0.1
市外に常住	61.0	1.3	9.1	25.8	48.8	12.2	2.8
(参考)							
東京都区部への通勤・通学者							
区部に常住	34.5	28.4	25.4	26.3	18.1	1.7	0.2
区部外に常住	74.7	0.5	3.6	12.7	49.5	26.4	7.3

資料：総務省「国勢調査」

近に存在することは日常生活を送る上で極めて有利な環境である．職住近接に加えてこのような，「遊住近接」とも呼べる充実した都市基盤施設の集積を居住魅力の向上に最大限生かすことが都市居住の推進にとっての土台となる．

また，グローバル化の進展により多様な交流が展開される拠点は国際都市であるが，今やそのグローバル化の段階も交流の段階から相互浸透の段階へとレベルが上がってきている．大都市には自己表現・自己実現の機会を求め，国際的スケールで人が集まってくる．これらについての対応も必要である．

他方，大都市が抱える弱点の克服も不可欠である．本来大都市は人が住むという点からも魅力を備えた空間である．にもかかわらず，人口が減少している．つまり大都市は住む上での魅力と共に弱点も抱えているのである．

弱点の第1は地価の高さであろう．住宅の質を確保するためには住宅価格が高くならざるを得ず，価格を一定レベルに抑えようとすると住宅面積が狭小になる．形態も集合住宅にならざるを得ないという制約がある．

弱点の第2は環境問題である．郊外と同程度の自然環境を都市内に確保することは極めて困難であり，また活発な都市活動に伴う騒音やヒートアイランド現象などの都市環境問題は大都市居住にとっての大きな課題である．

大都市居住を促進し，人口回復を図るには，都市の持つメリットを最大限に生かし，かつ弱点を極力克服・緩和する視点に立った施策の展開が求められる．

これらを踏まえ，人口回復を図る政策体系の構成を次の4本柱とした．
- 子育て環境の確立
- 良質な住宅を適正価格で供給
- 都市集積の活用と快適環境の創造による都市居住魅力の向上
- 若者・多彩な人材の居住推進

4.3.2. 施策の体系と主要な事業構想
(1) 働きつつ住み続けられる社会システムの確立
—世帯形成期・子育て期対策の充実—

若者の市内転入を促進すると共に，市内居住者がライフステージが変化し

ても住み続けられる状況をつくり出すことが人口構成の均衡化と回復を図る基本である．このため表Ⅳ-20に示す諸施策を重点施策として展開することとなった．転出傾向の強い世帯形成期・子育て期対策を重視するものであった．

《「総合的な子育て支援ネットワーク」の整備》

核家族化の進展に加え，夫婦とも働きつつ子育てするライフスタイルが一般化していく中では表Ⅳ-19で見たように，平均通勤時間25.6分，また1時間半以内に帰宅可能99.5％，つまり1時間半でほぼ全ての勤労者が帰宅できるという職住近接性は子育て層にとって極めて大きな魅力といえる．このメリットを最大限生かすには，職場近くにおいて子育て環境を充実することである．このため，子どもの健全育成と子育て層を支援する以下のような施策を進めていくこととした．

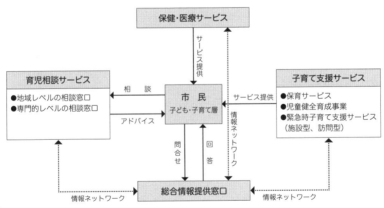

図Ⅳ-9　子育て支援ネットワークの考え方（概念図）

〈多様なニーズに応える保育サービスの充実〉
- 保育時間の大幅な延長，入所枠の拡大
- 乳児枠の拡大，育休明けや就職・転職などに伴う年度途中入所の円滑化
- 保護者が疾病等のため家庭での養育が困難な場合の緊急時子育て支援サービスの充実（一時保育，ショートステイ，病（後）児保育の充実など）

表IV-20 ライフステージ別施策の方向

	ライフステージ			
	世帯形成期	子育て期	熟年期	高齢期
居住ニーズ	・住宅価格の安さ	・住宅価格の安さ ・住宅の広さ ・子育て環境の良さ 　（保育、教育、遊び場） ・子育て支援（親への支援等）	・住宅の広さ ・一戸建て住宅志向 ・親のケアのしやすさ ・自分の老後の見通し	・老後の安心 　（同居・近居、保健・医療・福祉）
施策の方向	【住宅確保支援策の充実】 ・新婚家賃補助 ・マンション購入資金融資の優遇	【子育て支援ネットワークの構築】 ・安心して働き続けるための子育て支援体制の充実 ・緊急時子育て支援サービスの整備 ・子育てに関する相談・情報提供体制の確立 【教育環境の充実】 ・学習指導の充実、時代の要請に応じた教育の充実 ・教員の充実 ・学校環境の整備 【子どもの健全育成環境の整備】 ・遊び場、野外活動の場の充実 ・子どものための文化環境の充実 ・交通安全の確保 【子育て初期に対する住宅施策の拡充】 ・新婚家賃補助の補助期間の延長等 ・同居・近居の推進	【広い住宅の供給】 ・民間住宅による供給促進 ・公社住宅による供給 【親の介護支援システムの確立】 ・在宅高齢者に対する保健・福祉サービスの充実 （ホームヘルプサービス、デイサービス、ショートステイ、訪問指導などの事業）	【社会参加への支援】 ・社会参加機会の充実 ・社会活動の支援施設の整備 【ひとにやさしいまちづくり】 ・低床バスの導入 ・鉄道駅舎のエレベーター等の設置 ・歩道の段差解消等 【保健・医療・福祉の総合的サービス提供体制の整備】 ・医療サービスの充実 ・地域在宅サービスセンターの早期設置 ・施設在宅福祉サービスの充実

出所：大阪市発表資料

第Ⅳ章 都市と人口—人口動態の都市力学—

〈児童の放課後・長期休暇時の育成体制の充実〉
- 健全育成事業 [5] の全小学校区（296校）への早期拡充

〈子育て相談，情報提供体制の体系的整備〉
- 核家族化が進む中で，経験の浅い子育て層が身近なところで相談できる体制の確立
   全市レベル：子育ていろいろ相談センター
   区レベル　：子育て支援ステーション
   地域レベル：保育所等の子育て相談室

　また，「地域グランパ・グランマ計画」ともいうべき企画も検討されるべきであろう．子ども・孫と離れて暮らすお年寄りと，両親が働いて留守時間が長くなりがちな児童を繋ぎ，子どもの健全育成とお年寄りの生き甲斐づくりを図るものである．

《新婚家賃補助制度の拡充》
　アンケート結果にもあるように，若年期・世帯形成期・子育て前期では「家賃が高い」ことが市外転出の主因となっている．このためこれらの層に対する施策として「新婚家賃補助制度の拡充」を行うこととなった．

　新婚家賃補助制度は「総合計画21」が1990年10月に策定された後，人口280万人をめざす施策の一環として，1991年度に制度化された．助成期間は3年間，最高限度月額25,000円であった．これを1993年度に子育て前期世帯までの適用をめざして，助成期間を5年間に延長した．

　これにより，5,500世帯ほどであった対象世帯が1994年度には約8,000世帯へと拡大し，これらの層の市内定着に寄与していると考えられる．

　新婚家賃補助制度は他都市においても実施例があるが，これらは抽選，かつその規模も約100世帯程度となっている．これに対し，大阪市の場合は要件を満たす世帯の全てが享受できる制度であり，このことに大きな違いがあった [6]．

(2) 良質で多様な住宅ストックの形成
　アンケート調査の結果を見ると全ての層で住宅事情が挙げられ，その内

表Ⅳ－21　新婚家賃補助適用世帯数の推移

	1991（年度）	1992	1993	1994	1995	1996	1997	1998
世帯数	5,518	5,452	7,022	7,892	8,567	8,337	8,240	8,174

資料：大阪市「大阪市の住宅施策・資料編」(1999)

容は前述のように若年期，世帯形成期は「家賃が高い」，子育て前期以降は「住宅が狭い」，子育て後期及び熟年期には「一戸建て志向」というものであった．ライフステージを通じて住み続けられる都市であるためには，これらに的確に対応していく必要がある．とりわけ1988年から始まった地価高騰が人口流出拡大の要因となっているところから，高地価対策が特に重要となってきていた．このため，高騰した土地価格を家賃，住宅価格に極力反映させない供給をめざして，土地所有者による住宅供給や，容積率の活用による住宅供給促進策の充実などを行うこととした．

《地価の影響を極力抑える住宅供給の促進》

〈都心居住の促進〉

- 住宅附置誘導制度の創設

    都心部（概ねJR大阪環状線内の地域，参考図表：第2図）における一定規模以上のオフィス・商業ビルなどの建設の際，一定割合以上の住宅設置を誘導する．

    なお，オフィスと住宅の併設は各々の動線を確保する必要があるため，全体のレンタブル比は低下し採算の悪化が想定される．このため，助成策の導入も行う．

- 都心部における住宅供給に対する容積ボーナス制度の拡充

- 「中高層階住居専用地区制度」の積極的活用

〈土地所有者による住宅建設促進策の充実〉

- 宅地化を選択する農家に対する優良宅地化誘導策
    （緊急道路整備事業，ミニ区画整理事業）

- 土地所有者による住宅供給の支援策
    （低利融資：[コラム5] 参照）

第Ⅳ章 都市と人口—人口動態の都市力学—

表Ⅳ-22 「住宅附置誘導制度」の概要

対象地区	概ね都心住宅優遇ボーナス適用区域内
対象建築物の用途	商業・業務ビル
対象建築物	
住居地域・近隣商業地域	・前面道路幅員 10 m 以上，かつ ・延べ面積 5,000㎡ 以上の建築物，または 2,000㎡ 以上の敷地に建つ建築物
商業地域	・前面道路幅員 6 m 以上，かつ ・延べ面積 10,000㎡ 以上の建築物，または 2,000㎡ 以上の敷地に建つ建築物
付置する住宅	
住居地域・近隣商業地域	建築物の延べ面積の 20％ 以上
商業地域	建築物の延べ面積の 10％ 以上

資料：大阪市発表資料

《大規模住宅供給地の確保》

- 臨海部に存在する未利用の工場・物流施設跡地などを計画的に住宅用地として開発

《老朽住宅の建て替え促進》

- 多彩な制度を活用した老朽住宅密集地の再整備事業の推進
- 民間老朽住宅の所有者による共同建て替えを促進する制度の創設（建設費補助，再入居者家賃補助制度）

《中堅勤労者に対する良質住宅の供給》

- 民間すまいりんぐ [7]，大阪市住宅供給公社による賃貸住宅の供給拡大
- 住宅購入資金融資の拡充

129

【コラム5】土地所有者による住宅供給の重要性

土地所有者による住宅供給が重要なことを示す概念図が図Ⅳ－10である．

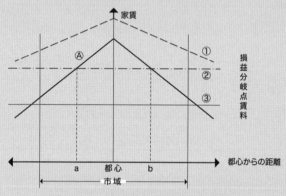

図Ⅳ-10　賃貸住宅経営採算性概念図

　線Ⓐは実勢の市場家賃を示す．都心部が高く都心から離れるに従って低下することを表している．①②③は損益分岐点賃料を示す．①は土地を購入して住宅を建設し賃貸住宅を経営する場合の損益分岐点である．当然，都心部が高く，周辺にいけば低くなる．この線はⒶと交わることがなく，建設されても市場性がないことを示している．

　これに対し②③は土地所有者が土地代を反映させずに建設費を借り入れて住宅を建設し供給するケースであり，いずれもⒶと交わり，経営的に成立することを示している．②③の違いは借入金利の差である．高いと②にとなり市域のa〜bの範囲での市場家賃で採算が取れる．これに対し③は低利融資を行うことにより住宅供給コストを下げて損益分岐点賃料を下げたケースである．これだと市全域で住宅供給の採算性を確保することが可能となることを示している．以上のような考察の下，土地所有者による住宅供給を促進するための融資制度の充実が図られた．

(3) 豊かな都市生活を楽しめる生活環境づくり
《都市の中に自然を取り込む》
　都市居住の最大の弱点は自然環境の乏しさと，活発な都市活動に伴う環境問題であろう．郊外と同等の自然を都市内に設けるのは不可能に近いが，人々が豊かな自然環境を求めることもまた事実である．大阪市においても公

園の整備，緑化を中心にアメニティの向上に努力してきたが，「身近なところに自然がある」状況をつくり出すことが都市居住にとっても必要不可欠との観点から，大阪の特性を最大限に生かし都市の中で自然を感じられる環境づくりを一層進めることを再確認した.

〈都市の中の「森」づくり〉

- 地域の森…面積1,000〜2,500㎡の街区公園を活用した緑の集積
- 都市の森…面積1ha以上の大規模公園における森づくり

　　　　（既存大規模公園の改造，公園内野球場・運動場の再配置，新規公園の整備の際の森づくり）

表Ⅳ－23　「地域の森づくり」の概要

配置・規模	・緑被率（緑で覆われたスペース）の低い地域，公園の少ない地域を中心に整備 ・1小学校区1か所程度の整備を予定 ・1か所当たり1,000〜2,500㎡程度
内　　容	・クスノキなどの大木を植栽し，緑の量と質の向上を図る ・大木の下で虫取り・遊具遊び・ゲートボールなど子どもからお年寄りまでの広範な利用ができる森とする

資料：大阪市発表資料

〈水辺の「open to the public」〉

　大阪市は水の都と呼ばれ，近世においては縦横に運河が開削され，経済の動脈として機能していた．現在では輸送は陸上交通に取って代わられたが，今でも市域の14%強を水面が占め，その水際線と共に大阪にとって極めて貴重な自然環境である．しかし，従来経済目的で活用されていたため，市民がアプローチできるエリアが限られていた．ここを「open to the public」という考え方の下，市民が憩いの空間として利用できるように整備を進める．すなわち，

- 親水河川の整備…親水護岸の整備，緑化
- 臨海部におけるプロムナードの整備
- 水辺に向いた街並み・景観整備

などである.

　その後，この取組は「花と緑，光と水のまちづくり」構想へと継承され，さらなる充実が図られることとなった[8].

131

現在では，水の浄化も進み，また水辺の緑化，川側に表を向けた街並みの整備などが進み，水面を生かしたレクリエーションや，観光ルートとしても活用されるなど「新しい水の都」が姿を見せ始めている．

〈都市環境改善への継続的取組〉

　産業構造の脱工業化やサービス経済化，情報・知識産業化などの動きの中で，都市の大気汚染・水質汚濁といった都市環境問題は大きく改善されてきた．また，車による移動排出源対策も進展し，今後，EV・FCVの導入などによって都市の環境状況は大きく改善されていくであろう．残された課題である地球温暖化やヒートアイランド現象などの軽減に引き続き取組む．

　上記のような試みは一朝一夕で成果が上がるわけではないが，粘り強い取組により近い将来必ずや大阪の環境の質は大きく向上していくことになるであろう．

《都市の集積を生かした都市居住魅力の一層の向上》

〈都市集積の充実と市民へのアプローチ〉

　都市居住の魅力は職住近接に加えて，多種多様な都市集積との近接性にある．大阪はこれまでの都市づくりによって，生活基盤としても高度な医療システム，文化・芸術施設，学習施設，ショッピング施設，交通機関などが極めて高密度に集積されるに至っている．通勤時間の節約によって得られる自由時間を活用し，これらの集積を使いこなすことによって「ワークライフバランス」の取れた生活スタイルが可能となるのが都市居住魅力の核であろう．

　西欧諸国では仕事が終わり帰宅した後コンサートやオペラ鑑賞に出かけるという．これこそが職住近接，遊住近接の都市ライフスタイルである．大阪市でも充実した都市施設の存在が市民生活の質の向上に直結する取組を行っていく必要がある．

　身近な文化・スポーツ・レクリエーション施設をさらに充実すると共に，開館時間の延長や市民の利用を促す企画が必要である．「第V章 都市と文化」で取り扱うが，市民のアートリテラシーの向上によって大阪でもアフターファイブに文化芸術やスポーツなどを楽しむライフスタイルが姿を現してくることが期待される．

〈都市の多彩な人材や施設の協力による子どもの健全育成〉

　子どもの教育環境は世帯形成層，子育て層の居住地選択の最重要な項目の

第Ⅳ章 都市と人口—人口動態の都市力学—

一つである．学校教育の充実に加えて，大都市であるからこそ可能な「学び，成長する機会」を提供・充実することも，子育て層の大都市居住の魅力を高める上で有意義と考えられる．

筆者は子どもの健全育成を目的として2007年に創設された「こども青少年局」の担当となった．子どもの教育は基本に学校教育があり，学習指導要領に沿って「クラス単位」で行われる．これに対して，こども青少年局の役割は「学校の外」で，「個々人の興味や関心」に基づき主体的に選択した個別のテーマについて研究・学習の機会を提供することを基本とした．この両輪で，子どもの健全育成をめざしたのである．大阪市には様々な文化・教育施設や人材が集積しており，これを子どもの健全育成に生かす試みは大都市・大阪だからこそ可能な子どもの育成環境の充実と考えた．

その試みの中から二つの事業を挙げる．

① こども夢・創造プロジェクト

大阪はスポーツやファッション，演劇，経営，研究，技術開発などあらゆる分野の多彩な人材の宝庫である．これら人材の協力を得て，子どもたちの「憧れの人から直接自分の関心・興味のある分野を学び」，個性・創造性を涵養し，将来の夢や希望を育むことを目的とする[9]．

② サマースクールシティ・大阪事業

夏休みの利点である「長期の自由時間」を活用して，子どもたち個々人の興味・関心に基づき本格的な自由研究に取組む試み．大阪市や民間企業が有する多彩な教育・学習関連施設が総がかりで子ども向け体験プログラムを整備・充実し，幅広い関心・興味あるテーマに対応する．

(4) 人材を惹きつける新たな都市魅力の創造

「4.1.大阪市の人口動向と変動要因」で見たように，就業と人口には密接な関係がある．このため就業機会を増加させ，その就業者の市内居住促進を図ることが大都市における人口政策のマクロで見た基本である．

今後の大阪市においては国際ビジネス，文化・芸術，情報創造・発信，研究開発などの高次都市機能の充実が求められている．これらの諸機能の充実を図り，これを担う人材が集まり，かつ市内居住を選択する都市をめざしていかなければならない．また，グローバル化の進展により多彩な交流が展開

される拠点は国際的な都市であり，そのグローバル化の段階も交流の段階から相互浸透の段階へとレベルが上がってきている．大都市には自己表現・自己実現の機会・場を求めて国際的スケールで人々が集まり，居を構えて活動をするケースが増加してくるであろう．特に外国人ビジネスパースンは着実に増加していくと予測されている．量としては多くはないが，多彩な人材が居住することは大都市・大阪の人口構成にとっては欠かせない視点であると考える．

《外国人が家族ぐるみで住める環境整備》

- 外国人ビジネスパースンの居住環境として必須の国際学校や医療機関の国際化
- 高規格住宅の開発
- 外国人対応社会システムの充実

芸術家のためのアーティスト・イン・レジデンスなどの整備も進めていく．

[追記] 人口回復策の推進と人口動向の変化

　以上のような施策が1993年度から本格的に実施された．とりわけ，ターゲットとする世帯形成層，子育て層対策の充実により20〜24歳，25〜29歳，30〜34歳層の増加が期待された．1990年以降の年齢階層別の転出入を見ると，これらの年齢層の転入率の高まり，転出率の低下が見られる（図Ⅳ−11）．

　ただ，土地高騰の影響は長く続き，社会動態が安定的にプラスとなるのは

表Ⅳ−24　外国人ビジネスパースンが住宅選定に当たり重視する項目

（単位：％）

	全体	夫婦	ファミリー	単身者
通勤の利便性	82.6	86.7	62.5	100.0
閑静な環境	47.8	73.3	43.4	26.7
外国人コミュニティに近い	41.3	60.0	37.5	26.7
買物の利便性	41.3	60.0	25.0	40.0
公園・緑地に近い	28.3	13.3	50.0	20.0
通学の利便性	26.1	0.0	75.0	0.0
繁華街・盛り場に近い	17.4	0.0	0.0	53.3
賑やかな環境	2.2	0.0	0.0	6.7
その他	6.5	6.7	6.3	6.7

出所：大阪市「新たな都市居住魅力の創造」資料編（原資料：森ビル調べ）

第Ⅳ章 | 都市と人口—人口動態の都市力学—

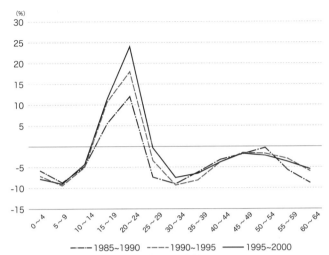

注：0〜4歳の増減率 = 0〜4歳の人口 / 前5年間の出生数
資料：厚生労働省「人口動態統計」，総務省「国勢調査」

図Ⅳ-11　5歳階層別5年経過人口の増減率推移（1985〜2000年）

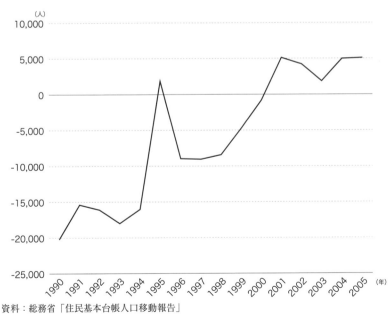

資料：総務省「住民基本台帳人口移動報告」

図Ⅳ-12　1990年以降の転出入

135

2001年になってからであった（図Ⅳ - 12）.

なお，注（2）で指摘しているように本稿の分析対象期間やその後の追跡期間（～1995）以降，東京圏への転入増加，また，近年の大阪市における人口増加など新たな動きが見られる.

これらについて，試みてきた分析手法を用い，また新たな発想の手法も考案して分析を引き続き行うことを課題としたい.

（注）

(1) 「市内からの世帯ごとの住み替え」は滅失や空き家の増加と見なせることに注意. 転居後の旧住宅に入居してくる市外からの転入者も少なからず存在すると思われる（市内からの転入者の場合，その転入者の旧住宅が同様の問題に直面する）.

しかし，既存住宅を舞台にした転入は大幅な転出超過となっており，その結果大量の空き家が発生している. したがって，マクロ的視点で見るとこの旧住宅が空き家になると見なしても不都合はないと考える.

(2) 分析期間後（1990～）の東京圏への人口移動の状況を見ると，1994年に転出超過に転じるなど，東京集中は急減速し，大都市圏・地方圏共に自立性を高める方向に動いていた. しかし，その後は再び東京圏への転入超過が復活している. 東京が持つ圧倒的で多様な高次就学・就業機会，生活サービス機能などが，知識・情報社会化，グローバル社会化進展の中でますます評価が高まっているといえそうである.

しかしながら，長期的には地方圏の大都市志向層の減少，東京圏における過密の弊害の顕在化（住宅を含む生活の高コスト，混雑・長い通勤時間，災害に対する脆弱性など），情報・通信技術の発展と社会への実装，交通基盤の整備進捗，地方圏の潜在力・政策努力などを考慮して「20～24歳層を中心に東京集中傾向は根強く続くものの，長期的には大都市圏への地方圏からの流入は縮小し，各々が自立性を高めつつ相互連携を強めていく方向に向かう」との見通しを維持する.

(3) 井原哲夫：『巨大都市と人口構造』（毎日新聞社；1973）p.145

（以下『巨大都市と人口構造』と略記する）

(4) 大阪市：『新たな都市居住魅力の創造』（1993）

(5) 「児童のいきいき活動育成事業」

市立小学校において，放課後，長期休暇中に在校児童を対象に異学年の集団活動を実施し，児童の特性・能力・可能性を伸ばし，かつ主体的生活態度を養うことを目的とする. 活動内容は自主学習，囲碁，将棋，伝承遊び，ボールゲーム，草木の栽培など.

(6) 若年層に対する「より効果的な施策」に転換するとして，この制度は2011年度で終了となった. 施策には当然経費が発生するが，他方，これらの層が居住することで市民税収入の増加も期待される. また，世帯形成層の市内定着は，人口構成のアンバランスの是正，地域消費の拡大，コミュニティの活性化など大阪市が直面する課題に多くの好影響をもたらすことを考慮すべきであろう.

第IV章 都市と人口—人口動態の都市力学—

(7) 民間の土地所有者が建設する賃貸住宅を大阪市住宅供給公社が借り上げ，中堅勤労者に適正家賃で供給する制度．

(8) 花と緑・光と水懇話会：『大阪　花と緑・光と水のまちづくり』(2003)

(9) 2008年度には次のような「プロジェクト」が実施された．

(大阪市：「平成20年度事業実施報告書」)

平田オリザ・演劇ワークショップ（協力：大阪大学コミュニケーションデザインセンター）

コシノヒロコ・ファッションアカデミー（協力：株式会社コシノヒロコ/大阪文化服装学院）

朝原宣治・キッズスポーツアカデミー（協力：大阪ガス株式会社）

鈴木美智子・トークアカデミー（協力：アナ・トーク学院）

蓑豊・ミュージアムアカデミー（協力：大阪市立美術館）

帆船「あこがれ」セイルトレーニング（協力：セイル大阪・なにわの海の時空館）

こどもダンスミュージカル（協力：宮川大助/D'OAM）

137

第 V 章

都市と文化
―成熟都市のブレイク・スルーと文化力―

5.1. 文化を考察するプラットフォーム

5.1.1. 文化をどう捉えるか：定義と領域

　大阪市にとって文化の領域でいかなる取組を行うかは新たに策定する総合計画の大きな検討課題の一つであった．このため，学識経験者からなる委員会を設置し（1987～1988年）考察を進めた．委員長は国立民族学博物館の守屋毅助教授（当時）．守屋委員長の指導のもと委員会が集約したのは次のような基本的認識であった．ここに都市の文化を考察する際の核心が凝縮しているものと考える．

　　文化という言葉は中国語の〈武化〉すなわち《武によって開く》に対して《文によって人を開く》という言葉としてあった．日本人は英語のcultureの訳として文化を使う一方で，戦後日本は〈文化国家〉になるのだというように武化に対する意味でも文化という言葉を使っている．文化都市・文化交流という使われ方の底流にもこのような意識が働いている．文化の一般的な定義は文化人類学あるいは文化史の定義が一番よく当てはまる．すなわち"人間集団の価値観と行動の様式"である．したがって，異文化体験とは，異なった価値観と行動様式が接触することといえる．お互いの属する集団の価値観と行動に関する問題である．文化の見取り図の中では，この人間集団の価値観や行動様式すなわち生活文化が中心にくる．その幾つかが特化して，身体活動に関する部分であればスポーツという文化活動に，情緒的な価値が洗練されてくると芸術活動という形にな

り，知的な価値観が特化してくると学問や科学の分野になってくる．

　将来に向けて文化を考えるとき，豊かな生活文化，充実した生活文化ということが基礎になるだろう．私たちの一日，一年，一生，世代を超えた様々なレベルでのライフサイクルを基本的に支える生活文化，文化を感じさせる雰囲気の街という場合の人間の生活環境を含めて生活文化が文化を考える際の出発点になる．私たちの生活はこの20～30年の間に，物質的価値から，より精神的・芸術的・情緒的価値を求める方向に向かいつつある．その意味から21世紀に向けてどのように豊かな大阪をつくり出していくかという際の課題として文化を取り上げることには正当性がある．

　特に大都市においては一部の文化分野があればいいというのではなく，考えられる限り"フルセット"の文化を備えていることが大切である．このような様々な文化が統合化され融合化されて新しい文化を創造していくことに大都市の役割がある[1]．

　以上のような基本的認識に基づき，文化として取り扱う領域は図Ⅴ-1のように設定された．

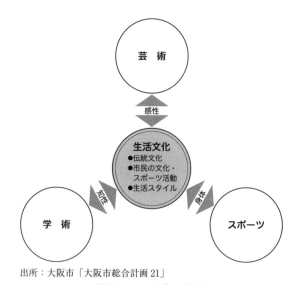

出所：大阪市「大阪市総合計画21」

図Ⅴ-1　文化の領域

5.1.2. 都市文化の三層構造

 生活文化が中心にあり，そこから芸術，学術，スポーツが特化・洗練されてくると考えると共に，都市文化の構造を図Ⅴ-2のように三層構造で捉えることとした．

 土台・土壌に市民の日常的な文化活動がある．その上に市民の高度な趣味や遊びの文化，また芸術家をめざす若手の文化創造活動があり，そして頂点には確立された高次の文化が位置付けられる．ただその境は緩やかと考えられるので破線で示してある．この図は都市の文化活動は市民の活動とプロもしくはプロをめざす人々の活動からなり，それは高度で創造的な文化活動と，一般の市民が日常生活の中で行っている文化活動の間に連続性があることを示している．市民の活発な文化活動の中から芸術をめざす人々が出現し，育成され，新しい文化創造活動が展開され（図の①），やがて，高次文化として確立されていく構図である（図の②）．また逆に，高度な文化活動が市民の日常的な文化活動に刺激を与え，引き上げていく関係である（図の③）．

 このような関係，すなわち，高度な芸術・学術・スポーツなどが突出して，また，隔絶した形で都市の中にあるのではなく，都市の構成員の文化活動と連続性をもって繋がっている．このことにより都市全体が文化活動の活発な，そして文化的雰囲気を持つ都市となるのである．

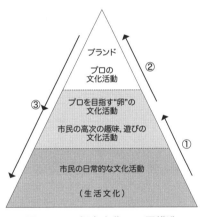

図Ⅴ-2　都市文化の三層構造

5.2. 都市にとって文化の持つ意味・重要性

 前節で「人々は物質的価値から，より精神的・芸術的・情緒的価値を求める方向に向かいつつある」とし，都市において文化を充実することの重要性についての根拠とした．市民ニーズに応える文化充実の必要性である．

しかし，都市における文化の果たす役割は多面的であり，本節では都市にとって文化の持つ意味・重要性の整理を試みる．

5.2.1. 「豊かさの追求」，「生きがいの追求」に寄与

社会発展・所得の向上と共に，人々の支出行動は変化していく．その方向は基礎的・必需的な消費支出から選択的消費への配分拡大の方向である（参考図表：第1図参照）．

また，生活向上欲求や労働生産性の向上を背景に余暇時間も増大し[2]，余暇時間の活用もこのような消費行動の変化と軌を一にして進展することになる．これらは「豊かさの追求」と呼ぶことができよう[3].

この豊かさの追求の上に，「生きがいの追求」と呼べる人々の行動があると考えられる．余暇時間は消費や生活を楽しむための資源であるばかりでなく，「自己を高めるための投資」の時間として活用される傾向も高まってくる．このため，教養の向上，自己研鑽，キャリアアップなどのための多様な学習・教育・訓練などの機会の重要性が一層高まってくる．

豊かさを求め，生きがいを追求する人々のこれらのニーズに対応する上で，文化の持つ意味は極めて重要となる．都市の文化機能を高めることは，これらの人々のニーズに応え，生活の質の向上をサポートし，また，自己実現の機会を求める人々を惹きつける都市魅力の向上に重要な役割を果たすことになる．

5.2.2. 都市経済のフロンティア拡大に寄与

文化の発展のためには経済の発展が前提とされてきた．経済が発展し所得が向上するに伴って人々の文化活動が活発化するという順序である．これらの過程で「文化のビジネス化・産業化」が進展することになる．文化活動の市場経済化と呼べる現象である．例えば，音楽コンサート，演劇，ミュージカル，バレエ，オペラなど，またスポーツ競技などがニーズの拡大に伴い集客産業として成立する段階に至る．

その構造を見ると，需要の側面では観客の入場料や物品購入という直接的文化消費にとどまらず，飲食費・交通費・宿泊費など，いわゆる「ビジターズインダストリー」への支出拡大がもたらされる．

供給サイドとしては劇場・練習場の整備・運営，舞台装置や衣装の製作・販

第Ⅴ章 都市と文化—成熟都市のブレイク・スルーと文化力—

売，広告宣伝，印刷業などの関連産業への需要が発生し，関連する人材・パフォーマーの雇用創出，これら人材を供給するための育成機関等が成立する．

このように文化施設群の周辺には関連産業のコンプレックスが形成され，産業連関効果によりその影響・効果は多方面に拡大していくことになる[4]．

そして，これらのコンテンツは経済的資産となり，その創造・交換が新たな都市型ビジネスとして成立してくることにもなる[5]．

経済の文化化（＝文化が梃子となって経済を動かす）も促進される．デザイン・ファッション性を高めた製品，人間工学に基づく使いやすく，機能的でセンスの良い製品やサービスの開発など，従来の製品・サービスに文化的要素を取り入れた高付加価値化の方向（経済の「シンボル化」で述べた）である[6]．

また，芸術文化の背後にある「感性」に着目すれば，この感性の発露として芸術があるが，これが経済の分野で発揮されると，感性に基づく新しい発想をビジネス化する動きが出てくる．その意味で「文化・感性が新しい経済を創出する状況」が生まれてくる．現在のIT関連産業群ではこのような感性をベースにした新発想に，それを形にする新技術の登場や精巧な技能の結合によって実現してきたものがあるといっても過言ではなかろう．すなわち，（感性・文化 ⇒ 新発想）＋新技術＋精巧技能 ⇒ 新製品・サービスの創出というルートによる産業フロンティアの拡大が，脱産業化社会といわれる中にあってはますます重要になってくると考えられる[7]．

以上のように，文化活動は文化的価値と経済的価値の双方を生み出すものであり[8]，今や，文化が経済発展をリードする強力な要素になる時代が訪れているのである．これまでの「経済の発展が所得の向上と余暇時間を生み出し，文化発展の基礎を築いた時代」とは明らかに異なる経済社会の到来と認識すべきである．

5.2.3. 重要な都市形成力としての役割

前項で文化が経済フロンティアの拡大に大きな可能性を持つことを指摘したが，このことは文化が重要な都市形成力を持っていることを示唆している．

古くは大阪の道頓堀五座，多くの芝居小屋が軒を連ね，町衆で賑わい娯楽・交遊の場となっていた．現在ではロンドンのウエストエンド地区，ニューヨークのブロードウェイやリンカーンセンター地区など，大小様々な劇場がコンプ

143

レックスを形成している地域は重要な人々の集合・交流の場となっている．人が集まり活動する場が都市であることから都市の本質的機能を担っているといえよう．またパリは各種文化施設が街の中に随所に配置され，都市全体が文化コンプレックスとなっている．

マサチューセッツ工科大学やハーバード大学が立地する学術都市ボストン，スタンフォード大学を中心に形成されたシリコンバレーなど，文化・学術機能が核となって構築された例は少なくない．このように文化施設コンプレックスは人を集め新しい情報・技術を創造・発信する，それがまた人々・企業を惹きつけるという循環によって都市の本質的機能の一翼を担い，都市形成の重要な核となっている．

新しい都市開発，再開発，地域開発などを企画するに当たっては，文化が持つこのような経済活性化効果，都市形成力の活用を考慮に入れるべきである．

5.2.4. 都市の品格向上，アイデンティティの確立，イメージアップに寄与

都市の文化を構成する要素として文化施設の存在がある．美術館・博物館・コンサートホール・スポーツ施設・劇場・大学・図書館などである．これらの計画

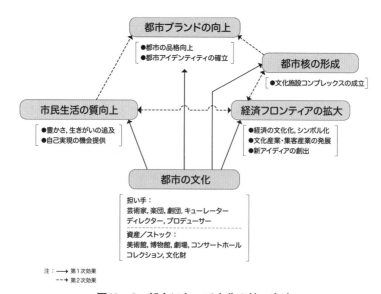

図Ⅴ-3　都市にとって文化の持つ意味

的・戦略的な配置は都市の品格向上や都市景観の魅力向上に大きく寄与しよう.

また，これらを拠点に活躍する人材・楽団・劇団・球団やコレクションといったいわゆる「ソフトの文化資本」が存在する．これらの活動・機能は都市の知的・文化的・創造的活動を担い，ホームタウン制度やフランチャイズ制度とも相まって，その都市を象徴する存在となり，市民の都市に対する誇り，わが町意識を喚起して，コミュニティ形成や都市のブランド力の向上にも寄与することになろう．その意味で一種の公共財としての役割を担っているといえよう.

以上のような諸点を図で示すと図Ⅴ–3のように整理できる.

5.3.「大阪市総合計画21」における文化振興の方向

以上のような考察・認識に基づき，大阪市における文化振興の方向は次のような枠組みとなった.
① 香り高い生活文化の創造
〇豊かな歴史と伝統の継承・活用
・有形無形の文化蓄積の保存活用
・博物館・資料館の体系的整備
〇市民の文化活動の推進
・多様な文化活動の振興
・市民文化施設の体系的整備（身近な文化活動施設，拠点施設）
〇市民スポーツの推進
・多様なスポーツ活動の振興
・スポーツ施設の体系的整備（小学校区レベル，区レベル，広域的施設）
〇新しい都市生活文化の創造
・魅力ある都市生活スタイルの確立
・新しい都市生活文化の創造・発信機能の充実
② 世界に開かれた文化創造拠点の形成
〇芸術の振興
・芸術創造力の強化

- 国際的な芸術活動の拠点機能の充実
- 芸術文化施設の整備
○学術研究の振興
- 大阪市立大学の学術研究機能の強化
- 都市型の学術研究拠点の形成
- 国際的な学術研究ネットワークの構築
③ 国際的なスポーツ拠点の形成
- スポーツ競技力の向上
- 大規模スポーツ施設の整備
- スポーツに関する研究・情報機能の強化
④ 文化的まちづくりの推進
○特色ある文化ゾーンの形成
（国際文化，歴史文化，臨海・海洋文化，ビジネス文化，花と緑の文化，都市型学術文化）

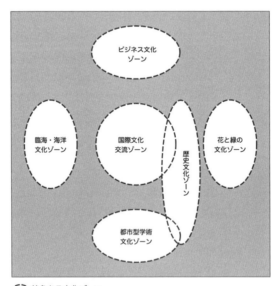

出所：大阪市「大阪市総合計画21」

図V-4　文化的まちづくりの方向

5.4. 都市文化発展のための施策の推進

「総合計画21」策定後，文化向上のための諸施策が総合的に推進された．スポーツ分野では「スポーツ・パラダイス」をコンセプトとして，様々な施設の整備，スポーツイベントの誘致などが積極的に行われた．

計画策定から10年経過した2001年に，文化・観光・スポーツ・公園の4部門の事業を一体的に推進する「大阪市ゆとりとみどり振興局」が設立され，筆者はその文化と観光の担当となった．以下では筆者が直接関わった芸術文化の分野について述べることとする．

「総合計画21」の考え方を基礎にした「文化集客アクションプラン」(2002)，「大阪市芸術文化創造・観光振興行動計画」(2006) を策定し，これらに基づき施策の推進を図ることとした．以下では2006年計画の基本的考え方，及びこれに基づく主要な事業を紹介する．

5.4.1. 市民文化活動の活性化：「草の根文化都市」に向けて

都市文化の三層構造を説明する際に，これらが連続していることの重要性を指摘した．とりわけ，市民は自らが能動的な文化活動の担い手であり，また様々な文化の享受者であり，かつ文化の理解者・支援者の役割を担っていることの認識が大切である．

文化都市の基礎にあるのは市民の文化活動であり，その充実が都市を文化都市へ導く土台となる．このため，コンセプトを「草の根文化都市」とし，市民の文化活動を活発化するための施策を展開することとした．

(1)「アートリテラシー」の向上

市民の文化活動を充実するキーワードの第1を「アートリテラシーの向上」とした．リテラシー（literacy）とは原義では「読み書き能力，読解・記述力」のことであるから，アートリテラシーとは「文化を適切に理解し，活用し，表現する能力」ということができる．

市民のアートリテラシーを高めることにより期待できるものは

• 市民自らが能動的に文化活動を行う

- 様々な文化の鑑賞者・享受者となる
- 文化の理解者として文化の支援者となる
- 芸術家をめざす人材が増加する

などであり，いずれも草の根文化都市として極めて重要な事項である.

まさしく文化都市の基礎は，市民の「文化を理解する力＝アートリテラシーの向上」にかかっているといえるであろう[9].

それではリテラシー向上のために何を行うべきか.

大阪市は2004年4月に「大阪市芸術文化振興条例」を制定した．その中で，「青少年が，将来芸術作品の鑑賞者や芸術家となって芸術文化の振興に資する存在であることにかんがみ，芸術文化に関する青少年の理解を深めると共に，芸術文化に関する青少年の豊かな感性をはぐくむため，青少年が芸術作品を鑑賞し，創作し，又は発表する機会の提供その他の必要な措置を講ずるものとする」とした.

市民の中でも特に感受性豊かな青少年期に的確な「鑑賞・体験・教育の一体化したプログラム」の提供が効果的と考えたのである．このため文楽・上方歌舞伎・交響楽・美術など多くの分野において，このセットとなったプログラムに基づく事業の展開を図ることとした．2005年度の主なアートリテ

表Ⅴ－1　平成17年度青少年向け芸術鑑賞等事業

実施日	事業名	会場
6月18日	大阪市民歌舞伎	森の宮ピロティホール
6月19日	第2回文楽デー	国立文楽劇場
7～8月	夏休み文楽公演親子ペア優待	国立文楽劇場
8月6日	朝の光のクラシック・ピアノ	中央公会堂
8月6日	はじめましてオペラ「こうもり」	国際交流センター
8月13日	創作野外オペラ「千姫」	大阪城西の丸庭園
8月17日	オーケストラの夕べ	大阪城野外音楽堂
8月28日	（仮称）オーケストラ入門	シンフォニーホール
9月2日	青少年のためのコンサート	シンフォニーホール
9月17,18日	野外ミュージカル「天使の休日」	大阪城野外音楽堂
11月3～13日	大阪国際人形劇フェスティバル2005	中央公会堂ほか
12月17日	朝の光のクラシック・ヴァイオリン	中央公会堂
2月4日	青少年のためのコンサート	中央公会堂
2月上旬	文楽鑑賞教室	区民センター等
2月1日	朝の光のクラシック・ピアノ	中央公会堂

資料：大阪市発表資料

ラシー向上事業は表V−1のようなものであった.

　ここで忘れてならないことは文化振興当局だけではなく，各々の文化施設や文化団体などが市民のアートリテラシー向上に向けて自主的・積極的な取組を行い，都市全体として行動していくことである.

(2) 文化への接近機会の充実

　所得の向上，余暇時間の拡大を基礎に，人々は豊かさ・生きがいを求め，また，自己啓発のため文化へのニーズを高めていく．草の根文化都市をめざすためにはこのようなトレンド・傾向に加えて，政策的に市民がより積極的に文化にアプローチする状況を創出していかなければならない．理想的には，市民の日常生活の中に文化活動が組み入れられ，人々の日常生活と文化活動がシームレスに連続している状況である.

　そこで，「草の根文化都市」の第2のキーワードを「文化への接近機会の充実」とした.

　このため，第1に，料金の垣根を低くして気軽に文化を鑑賞できる機会を提供する，また，古典的な芸術文化に限らず，例えば人形劇，ポップカルチャー，野外演劇など市民にとって垣根の低い新しい文化分野へ誘うなど，できるだけ多くの市民に文化に接する機会を持ってもらう試みを行った.

　第2に，日常的に文化活動に取組める環境をつくるには，身近な場所・地域において活動の場や機会の提供を行うことが必要である．これを「地域文化活動」との概念の下，市民に身近な存在である区役所ごとに特色ある文化活動の企画を奨励し，これを支援していくこととした.

　第3に，市民が文化にアクセスする上で，いつ，どこで，どのような催しが行われるのかの情報を的確に入手できることが重要であり，その意味で文化情報提供システムは不可欠な文化インフラである．このことの重要性を認識する識者の努力もあり，これらの情報を一元的に提供する情報システムの構築が進められてきた[10].

　第4に，文化を提供する側も市民に利用してもらうための工夫を積極的に行うことが重要である．例えば，勤労者が参加できるように開館時間を延長する，また，市民が興味を持つような企画内容を立案するなどの地道な取組である[11].

このような取組により，やがて市民が自らの興味・関心に基づいて自らにふさわしい文化活動を展開し，その経験の積み重ねにより，文化に親しむ生活スタイルを確立すると共に，文化の理解者・支援者となっていくことが期待できるのである．

(3) 市民による文化サポート体制の充実

市民は文化活動の実践者であり，また享受者であると共に，文化活動への支援者としての役割も期待される．草の根文化都市にとって，その市民と芸術家・芸術団体・文化施設などとの間に良好な関係が構築され，相互の協力により，文化活動が活発になっていくことがめざす方向である．

例えば，大阪市では，世界無形文化遺産・文楽に対する市民の注目度を高め，共に支援していく雰囲気・運動をつくり出すことを目的に「文楽応援団」を創設した．文楽は一時観客数が減少するなどしていたが，この大阪の誇るべき芸術文化を市民が認識し，理解し，鑑賞し，楽しむと共に，外に向かって発信していく気運の醸成を意図したものである．

また，関西の行政，経済界，労働界，学者・文化人，市民が連携・協力して「関西で歌舞伎を育てる会」が組織され（1978年），これも厳しい状況にあった上方歌舞伎の再興を図り，次代に伝えていくための運動が展開された．その後，上方歌舞伎の状況も改善し，1992年には「関西・歌舞伎を愛する会」へと名称も変更し今日に至っている．

今後は，市民による文化サポートの一環として，資金的支援を誘導するための優遇措置も検討に値しよう．

以上は，政策当局及び市民の側からのアプローチであるが，このような関係をつくり出す上で文化人・文化施設からの市民へのアプローチも大切である．例えば，各文化施設においても「友の会」「メンバーシップ制」などをとっているが，これらを市民との間に良好なパートナーシップを構築していく手段として，改革・充実していくべきである（［コラム6］参照）．

5.4.2. 新しい都市文化の創造

次に都市文化の三層構造のうち第二層について考察しよう．ここに分類されるのは市民の文化活動のうち高次なもの，また芸術を職業とする専門的な芸術

第Ⅴ章　都市と文化―成熟都市のブレイク・スルーと文化力―

家をめざす卵たちの活動や，新しい分野を開拓する文化創造活動などが入る．

　都市が文化創造機能を持つためには「文化インキュベートシステム」ともいうべきものを内蔵している必要がある．

　その中心となるのは芸術家の卵，また新しい文化分野を切り開く創造的人材を発掘し，育成し，そしてその活動を支援して世に送り出す機能であり，都市の「登龍門システム」とも呼ぶべきものである．

5.4.2.1.　登龍門機能の充実

　人材の発掘，育成から世に送り出すまでには次のような「登龍門システム」が必要である．

(1)　文化の登龍門システム

①　人材の発掘，育成機能

　　まず，才能はあるが無名の人材を如何にして見出すかが重要である．そのためには様々なオーディションの開催や充実したスカウティング・システムといった人材発掘のシステムが必要である．その役割を担っているのは，主としてメディア，プロダクション，文化団体，文化施設などである．また一人ひとりの能力を開発し向上させていくことが重要であり，これらは専門学校や芸術系大学などが主要な役割を果たしている．

②　制作・創造活動の場

　　次のステップは，これら人材が活動する場の存在である．練習や創造・創作活動の場であるスタジオ・アトリエなどである．未だ無名の芸術家のための施設となるので，できるだけ廉価であることが求められ，そのために公民の協力による提供が必要である．例えば，公的遊休施設の活用・転用なども考えられるべきである．

③　発表・交流の場・機会

　　日頃の成果を発表できる場・機会の存在は不可欠である．舞台の公演，展示会，コンペティションの開催などである．これにより芸術家が市民や観客との接触の場を持つことになり，社会的評価を受ける機会となる．また，文化人間の人的ネットワークの形成や，人材発掘の機会ともなるものである．

151

④ 評価機能

　能力・成果が評価され，芸術家として世に出る機会の存在が重要である．表彰制度や，権威ある団体・施設などによる「作品の購入」「団員としての登用」といったこともこの役割を果たしている．

(2) 大阪における取組

　筆者が文化担当として在籍していた2001〜2006年の間に「登龍門機能の充実」の視点で公民協力の下で行っていた施策や構想を表Ⅴ-2に整理した．
幾つかの特徴的な事業を説明する．

① 大阪アーティスト・インキュベーション・システム（AIS）事業

　「大阪を拠点とする若手アーティスト」を公募し，選考委員によって選ばれたアーティストに対し，長期的な視野で活動が継続できる基盤づくりを応援する．具体的には選ばれたアーティストに大阪市内の施設での演奏会等への出演機会を提供すると共に，「大阪市推薦アーティスト」として関西圏を中心とする各地のイベントへの出演斡旋などの支援を行う．

② Creative Center Osaka（名村造船所跡地プロジェクト）

　木津川河口の名村造船所跡地（大阪市住之江区）の広大な敷地に設立されたクリエイティブ活動をサポートする民間複合芸術施設．造船所跡地という産業遺産に眠る廃墟のポテンシャルを最大限生かしたユニークな空間．様々なクリエイションとコミュニケーションのための実験の場を提供する．

表Ⅴ-2　文化の登龍門システム

	人材の発掘・育成	制作・創造活動	発表・交流 （市民の鑑賞機会）	評価 世に出す
	- 発掘システム - 人材育成機能	- 練習の場 - 創造・創作活動の場	- 発表の機会 - 発表の場⑨	- 評価制度 - プロモーション支援
民間部門	・メディア，プロダクションの活動 ・専門学校 ・大学	・名村造船所跡地プロジェクト（CCO）②	・朝の光のクラシック④	・ストリートミュージシャングランプリ
公的部門 （大阪市）	・AIS事業①	・芸術創造館③ ・青少年文化創造ステーション ・芸術家村構想	・アジアンビート⑤ ・エンターテインメントフェスティバル	・CO2⑥ ・パフォーマーライセンス制度⑦ ・咲くやこの花賞⑧ ・三好達治賞

③　大阪市立芸術創造館

ダンス・演劇・音楽・映像などの表現活動をバックアップするインキュベーションセンター．演劇や音楽に対応したリハーサル室，公演可能なホール（126席），高質なレコーディングが効率良く安価でできるレコーディングスタジオ，プロモーションビデオ制作が可能なメディアルームなどを完備．様々な講座や公演などの自主企画も開催．

④　朝の光のクラシック

大阪市のシンボルの一つである中之島・大阪市中央公会堂における将来性ある若手音楽家によるクラシック演奏会（土曜日の午前開催）．市民には気軽な鑑賞の機会を，出演者にはさらなる飛躍の機会提供を目的とする民間企画を支援．

⑤　アジアンビート（次項「5.4.2.2. 新しい文化領域の振興」参照）

⑥　シネアスト・オーガニゼーション・大阪エキシビション（CO2）事業

若手映像制作者からこれまで制作した映像の提供を受け選定，5人の制作者に共通のテーマで新たな映像制作を要請．その結果を評価．

⑦　パフォーマーライセンス制度

ストリートパフォーマンスが広義の大衆文化，また，大阪の観光魅力を向上させるコンテンツであるとの認識に立ち，一定のレベルの「芸」を持つパフォーマーにライセンスを授与し，市内観光施設や大阪市主催のイベント等に出演の機会を提供する．

また，ライセンス取得パフォーマーと招待パフォーマーによるエンターテインメントフェスティバルも開催し，交流を深める．

⑧　咲くやこの花賞（1983年度創設），咲くやこの花ネットワーク

創造的で，奨励に値する芸術文化活動を通じて芸術文化の発展に貢献し，大阪文化の将来を担うことが期待される人材に贈る賞．美術，音楽，演劇・舞踊，大衆芸能，文芸その他の5部門．受賞者や大阪市が発掘・育成した人材のネットワークを整備し，世代や分野を超えた芸術家間の交流を促す．

⑨　「発表の場」の体系的整備

関係者への聞き取りにより，発表の場についてはステップアップの段階や公演内容によって多様なニーズがあることが判明した．具体的には200

人，400人，800〜1,200人，1500〜2,000人，3,000人，6,000人，10,000〜20,000人，50,000人，100,000人といった規模の体系が必要とのことであった．これらに対応するため公民の協力の下で体系的な整備を推進することとした．特に200〜800人規模の劇場での採算性は極めて難しいことから，特に公共の役割が大きく，このため各種の公的施設を改修して対応することとした（表V−3）．

表V−3　規模別体系を構成する施設の例（当時）

	規模ランク	施設の例示
1	200人	芸術創造館
2	400人	精華小劇場，ウルトラマーケット（大阪城ホール内）
3	800〜1,200人	住友生命いずみホール，松下IMPホール，梅田芸術劇場シアター・ドラマシティ，シアターBRAVA，クレオ大阪中央ホール，国際交流センター大ホール，大阪市中央公会堂，森ノ宮ピロティホール
4	1,500〜2,000人	シンフォニーホール，梅田芸術劇場メインホール
5	3,000人	フェスティバルホール，大阪厚生年金会館大ホール，大阪城音楽堂
6	6,000人	舞洲アリーナ
7	10,000〜20,000人	市立中央体育館，大阪城ホール
8	50,000人	京セラドーム大阪，長居スタジアム
9	100,000人	大阪港ベイエリア野外空間

注：1）各施設発表の座席数等を参考に筆者が独自に体系化を試みたものである
　　2）規模ランクは幅を持たせた設定としている

5.4.2.2. 新しい文化領域の振興

大阪は文楽，上方歌舞伎，大阪フィルハーモニー交響楽団，上方落語，漫才，OSK日本歌劇団など長い歴史の中で育まれてきた誇るべき芸術文化を有している．これらはいずれも町衆・市民の文化として誕生し，長い年月をかけて芸術文化の域に進化してきたものである．このことは新しい領域の文化の振興を図ることは，長期的には芸術文化の充実に繋がるものであることを示している．

このため大阪市の文化振興施策の一つとしてポップカルチャーの振興を掲げることとした．映画・アニメ・ポップス・人形劇・ミュージカルなどの振興で

ある．これらは従来大衆のエンターテインメントと呼ばれる領域の活動であった．この分野の振興を文化振興の一つの柱と位置付けたのである．

その施策の一つに「アジアンビート」の企画・実施がある．このプロジェクトは大阪市とソフト制作・情報発信のリーディング企業群である在阪放送メディアの協力によって，大阪を新領域文化におけるコンテンツの創造とアジアの文化交流の拠点をめざした取組と位置付けた．

「アジアンビート」は2005〜2009年の5か年プロジェクトとして行われた．2年目の2006年度には①映画・映像（大阪アジアン映画祭），②音楽（アジアンビート・Music Alive），③食（アジアンビート・フードフェスティバル），④デザイン（Osaka Design Pack）の4分野で展開された．

5.4.3. 大阪文化のブランド化と発信

最後は大阪の文化構造の最上位に位置する高次文化の領域である．大阪には文楽，上方歌舞伎，大阪フィルハーモニー交響楽団など第一級の芸術文化が存在する．これらの分野では，より一層の高みをめざし，そして，大阪の文化ブランドとして，文化都市・大阪を象徴するものとして内外への発信が期待される．このため芸術家・団体の活動の一層の充実と，これらの活動を公共，市民，企業などが後押ししていくことが重要である．とりわけ，これらの活動が市民に支持されていることが特に大事であることは言を俟たない．「市民に支持されて世界をめざす」ということであろう．

このため芸術家・団体と市民との間に良好なパートナーシップを確立することが不可欠である．このような関係構築のためには市民や自治体の側からのアプローチ，及び芸術家・団体から市民へのアプローチの双方向の働きかけが求められる．

(1) 市民からのアプローチ

前者の例として文楽の例がある．既述のように「文楽応援団」をつくり，文楽デーや文楽ウィークの設定など市民が気軽に文楽に触れられる機会の拡大を図ると共に，文楽劇場周辺の環境整備等の施策によって，文楽と市民の距離を近づけ，文字通り市民に支持された芸術文化として発信していくことが可能となろう．

上方歌舞伎の「関西・歌舞伎を愛する会」の取組も同様な例として挙げられる.

(2) 芸術家・団体からのアプローチ

芸術家及び団体から市民へのアプローチとしては大阪フィルハーモニー交響楽団の例がある.「大阪クラシック」及び「星空コンサート」の試みである. 大阪クラシックは御堂筋を中心とした大阪を代表するエリアで一週間にわたり，公共施設やオフィスのアトリウム，ショールーム，ホール，レストランなどの身近な空間を活用して，市民がクラシック音楽に気軽に触れる機会を提供する試みである. 2006年に開始されたこの催しは大きな反響を呼び，今では大阪の秋の風物詩として定着し，音楽都市・大阪を発信する重要な催しとなっている

星空コンサートは大阪の象徴的な空間である大阪城天守閣を背景とした大阪城公園内の西の丸庭園における夜間コンサートである. 同じく2006年に開始され，約1万人の来場者を得て，大成功を収めている[12].

表Ⅴ−4　大阪クラシック・星空コンサートの実績

(単位：人)

	2006	2007	2008	2009	2010
大阪クラシック 来場者数（概数）	22,000	28,000	37,000	50,700	50,000
星空コンサート 来場者数	9,300	13,988	7,865	3,039	5,333

資料：大阪フィルハーモニー協会「事業報告」

(3) 文化施設からのアプローチ

大阪市内には公・民合わせて多くのかつ多様な文化施設が存在し，高い質を誇っている. 大阪文化の重要な担い手であるこれらの施設が，市民にとって真に必要で，役に立つ存在であることを明確に示し，市民との間に良好な関係を築くことは施設の運営・将来にとって極めて重要である.「第Ⅳ章　都市と人口」で触れた「サマースクールシティ・大阪事業」(p.133) もその一環である. 大阪市の関連する文化施設群の全てがその持てる潜在力を生かし，夏休みの期間中大阪市の児童・生徒を対象にサマースクールを実施する

第Ⅴ章 | 都市と文化—成熟都市のブレイク・スルーと文化力—

というプロジェクトである．多くの施設の参加により多様なテーマの設定が
可能となり，児童・生徒にとっては学級単位の活動ではなく，個々の興味・
関心に応じた多様な自主研究や考察を進める絶好の機会となる．

　これを継続することにより，必ずや各々の施設が市民にとって身近な存在
となり，良好なパートナーシップ形成に寄与するものと考える．

　これに限らず，各施設はその潜在力を生かして，如何にしたら市民との間
に良好な関係を構築できるのかを真摯に考え，実行に移すべきである．

［コラム6］メトロポリタン美術館：
「一般市民・企業に近づき，より良い関係を築く」経営戦略

　文化施設側からの働きかけの参考例の一つを挙げたい．筆者は1990年5月関西
経済同友会編成の「豊かな文化国家への戦略」調査団の一員としてアメリカ合衆
国の視察団に加わった．筆者の担当はニューヨーク市にあるメトロポリタン美術
館の調査であり，その結果は個別訪問先報告書[13]に収録されている．メトロポリ
タン美術館の諸活動は我が国の文化施設のあり方を考えるとき非常に参考になる
と考えるので紹介する．

《概要》
○ あらゆる美術分野をカバーする世界3大美術館の一つ．今後はアジア芸術，現
　代芸術の充実に注力
○ 約120年かけて個人・企業との密接なパートナーシップを確立．
○ ニューヨーク市と密接な関係を持つものの，運営費のかなりの部分は資金集め
　の専門部署（ディベロップメント・オフィス）を通じた民間からの寄付に依
　拠．
○ 設立時の沿革
　1870年に，ニューヨークの「ユニオン・リープ・クラブ」に所属する金融業
　者，企業者で構成される美術収集グループにより創設される．オリジナル・コ
　レクションは同クラブ所有のオランダ・フランダースの174枚の絵画と，セス
　ノラ元キプロス駐在総領事寄贈による古美術であった．
○ 現在のコレクションの内容
　アメリカの美術館は，初めはごく一部の篤志家のコレクションからスタートす
　るものが多いが，その後無名の市民からも数多くの寄付が寄せられ，コレク

157

ションの内容が次第に充実されていくのが特徴である．同美術館も例外ではなく，モルガン家，ロックフェラー家，レーマン家などから多数の作品が寄贈され，現在ではフランスのルーブル美術館等と共に世界3大美術館の一つとなっている．

コレクションの分野はアメリカ美術，東洋風古代美術，武具美術，アジア美術，服装美術，素描，エジプト美術，ヨーロッパ絵画，ヨーロッパ彫刻と装飾美術，ギリシャ・ローマ美術，イスラム美術，ロバート・レーマン・コレクション，中世美術，楽器，印刷・写真，20世紀美術などあらゆる分野にわたる作品（約300万点）からなっており，このうち85〜95％が個人や企業から寄贈されたものである．

○ 活動・運営の内容

　① 収蔵品の収集，維持・修復などを通じた美術研究（収集・研究）

　② 大学等と共同でキュレーターなどの専門的人材を育成（教育）

　③ 知的で効果的な展示により，市民に楽しい経験をしてもらうと共に，美術に関する知識を深めてもらうよう努めている（啓蒙・普及）．

《行政との関係》

　同美術館の建物はニューヨーク市当局の所有物である．また，年々の光熱費の全額，管理・警備費の半額を市が負担している．その金額は1990年予算で約1,600万ドル（約24億円）に上る．

　このように同美術館は実質的にはニューヨーク市立美術館ともいえる．一方，美術館はニューヨーク第1の観光・アトラクションの場でもあり，1988年には450万人が同美術館を訪れるなど世界中から人々を惹きつけ，市経済の活性化に寄与している．ちなみに同美術館を訪れた市外からの観光客がニューヨーク市滞在中に支出した金額は3億5,000万ドル（約525億円）に達するとの調査結果がある．

　なお，ニューヨーク州との関係では州付属の芸術審議会（New York State Council on the Arts），国との関係では国家機関である米国芸術基金（NEA：National Endowment for the Arts）及び米国人文科学基金（NEH：National Endowment for the Humanities）から寄付を受入れている．

《文化支援団体との関係》

　ニューヨーク州芸術審議会及び国家機関であるNEA，NEHから寄付を受けているといっても，その総額は年間100万ドル以下であり，予算総額に占める割合はわずかである．したがって，同美術館の支援者は個人，企業及び市であるということができる．

《企業からの支援に対する理念と歴史的経緯》

　1970年の開館100周年を契機として打ち出された展示面積の拡張計画等を受けて，資金源としての企業の重要性を認識し，企業からの積極的な資金集めを開始した．「一般市民・企業に近づき個人，企業とより良い関係を築く」ために多大な努力をした上で資金集めを展開している．

第V章 都市と文化─成熟都市のブレイク・スルーと文化力─

　一方，企業側も同美術館の催し等に対してスポンサーになることは，企業のイメージアップに繋がることを次第に認識してきている．

《企業からの支援に対する組織と実績》

　1974年に「ディベロップメント・オフィス」を開設し，企業からの資金集めはもちろん国・地方公共団体，個人，財団を4本柱に資金集めを展開している．

　企業側はこの「ディベロップメント・オフィス」の活動を援助するために，「ビジネスコミッティ」を発足させ，美術館と企業との情報ネットワークの充実に貢献している．

　このような努力の結果，美術館の収入構造は大きく変化してきている．すなわちディベロップメント・オフィス開設前の1967年には，収入の90％以上が基金の運用益，及びニューヨーク市からの助成金であり，寄付及びメンバーシップ収入は合わせても6.7％に過ぎなかった．

　これに対して1990年の予算ベースでは，基金の運用益，及びニューヨーク市からの支援が35.3％へと大きく低下し，一方ディベロップメント・オフィスが担当している寄付，及びメンバーシップ収入は41.9％に大幅に増加する見込みとなっている．

表V－5　メトロポリタン美術館の収入構造の変化

(単位：％)

	1967	1988	1990（予算）
基金の運用益	62.8	16.6	15.5
NY市からの助成	29.2	22.7	19.8
民間寄付	1.0	18.8	27.3
メンバーシップ収入	5.7	14.9	14.6
入場料収入	－	10.1	8.7
事業収入	－	7.8	4.5
その他	1.3	9.1	9.7

資料：メトロポリタン美術館資料

　このような企業の支援・協力に対して美術館側ではパトロンとなってもらった企業に対して「Evening at Metropolitan」と称するイベントを年2回開催し，レクチャーや展示を楽しんでもらっている．

　また寄付を受けた企業に対して，取締役会，レセプションの会場として美術館を使用させたり，企業の広報，広告・宣伝部と一緒にその企業のPRの制作を手伝う（美術館としての役割を超えない範囲で）などのサービスを行っている．

《その他注目すべき点，特に評価すべき点》

① 企業だけでなく，「一般市民に近づき，より良い関係を築く」ための努力をしている点が注目される．例えばメンバーを増やすためには新しい人々に美術館に

159

来てもらい，美術館のことを知ってもらうことが必要であるとの考え方に基づき，最近，午後5時までであった開館時間を金曜・土曜については9時まで延長し，ワインを楽しみ，音楽を聴くこともできるようにした．これが顕著な成功を収めつつある．

② 確立した芸術作品を集めるのみならず，新しい芸術分野のコレクションへの取組を始めている．

③ かなりの数の人々がボランティアで，ガイド等として美術館の運営に深く関わっている．

《日本の文化団体が学ぶべきポイント》

① 文化団体と個人・企業との密接なパートナーシップを形成した上で，個人・企業が文化団体を育てていくシステムをつくり上げるべきである．そのためには，文化団体としても個人・企業との交流機会の拡大，柔軟な運営，メンバーシップ制，ボランティア・ガイドの導入などに積極的に努力していくべきである．

② 確立された芸術作品の収集だけでなく，新しい芸術を支援し，50年，100年かけて第一級のコレクションにするという長期的視野を持った取組が必要である．

5.5. むすび

都市にとって文化の重要性とその活性化策を中心に考察してきた．この章の終わりに当たり二つのことを強調したい．

第1は，現存の文化ストックを良好に保つことの重要性の再認識である．現在我々の前にある文化ストックは有形・無形問わず過去から引き継がれてきたものである．これまでの考察で明らかになったように知識・情報社会，グローバル社会，ポスト産業社会へ向かう中で，これらの価値は将来にわたりますます高まっていくと思われる．しかし，これらのストックは放置されればその価値を減ずるばかりでなく，自然環境や生態系が修復不可能な状況になるのと同様の問題が生じる．これらストックの管理を怠ることなく，常に注視し，価値を付加し，次代に引き継いでいくことが現世代の責務であることを自覚すべきである．

第2は，文化の持つ潜在的可能性のさらなる追求である．文化の重要性については「都市にとって文化の持つ意味・重要性」で述べたが，文化はさらなる可能性を秘めていると思われる．例として，文化の持つ教育資源としての効用

について見てみよう.

　筆者たちは音楽が持つ人間性を育む効果に期待し,「楽育」というコンセプトの下，0歳児から未就学児の子どもたちにクラシック音楽に接する機会を提供する実験的事業「こどもとクラシック」プロジェクトを実施した．これに対し一部の音楽専門家によると「0歳児にとってはいくら良い音楽といえども騒音であり教育効果はない」との意見があった．本当はどうなのか．科学的研究を進めて納得できる結論が必要である.

　また，演劇を取り入れた表現教育の実践・普及活動[14]や，音楽療法の実施とその効果検証なども行われている.

　このように文化が持つと考えられる効果は多方面に及ぶと期待されてはいるが，未解明のものも多く，経済・観光・まちづくり・コミュニティ形成や教育・医療などに与える効果について，科学的に解明し，その共通認識を醸成することが，社会と文化の良好な関係構築に重要な意味を持つと考える.

(注)

(1)　次の文献も参照

　　守屋毅：「都市と文化」『世界の大都市7東京・大阪』大阪市立大学経済研究所編，(東京大学出版会；1990)

(2)　例えば次の文献参照

　　国土庁計画・調整局：『日本　21世紀への展望』p.80, 81

(3)　山崎正和：『柔らかい個人主義の誕生』中公文庫，(中央公論社；1987) pp.167-173

　　「消費とはものの消滅と再生をその仮の目的としながら，充実した時間の消耗こそ真の目的とする行動だ」「現代の脱産業化社会の消費は産業化社会の消費とは構造が変化し，ますます消費としての純粋度を強め，ものの消耗より時間の消耗を目指している．消費者の関心は効率的に生産された廉価大量販売の商品を離れ，趣味的により個性的で，何らかの知的・情緒的な満足が加わり，物質的な商品より個別的サービスを，より長い時間をかけて選択することに向かっている」

(4)　文化産業の概念，構成する産業分野，経済規模などについての参考文献

　　ニッセイ基礎研究所：『文化産業の経済規模及び経済波及効果に関する調査研究事業報告書』(文化庁；2016)

(5)　コンテンツ産業の重要性についての参考文献

　　岡田広司，韓　瑩：「日本コンテンツ産業の市場戦略」『オイコノミカ』第43巻第3・4号pp.121-137, (名古屋市立大学；2007)

(6)　J. K. ガルブレイス：鈴木哲太郎訳，『自由の季節』(岩波書店；1961)

(7)　以下の諸文献参照

1) 延岡健太郎：『アート思考のものづくり』（日経BP日本経済新聞出版；2021）
2) 佐々木雅幸：『創造都市への挑戦』（岩波書店；2001）
3) 平田オリザ：『芸術立国論』集英社新書，（集英社；2001）（以下『芸術立国論』と略記する）

(8) デイヴィッド・スロスビー：中谷武雄／後藤和子訳，『文化経済学入門』（日本経済新聞社；2002）p.80

(9) このような都市機能の向上と市民のリテラシーの関係については，文化に限らず経済の分野においても認識されている．例えば次の文献参照
長沼伸一郎：『経済数学の直感的方法―マクロ経済学編』ブルーバックス，（講談社；2016）p.78
「日本経済が最強だった時期は，ケインズ経済学が世界を制していた時期と奇妙に重なっているが，その時を振り返ってみると，当時は必ずしも政策担当者だけでなく中小企業の経営者あたりに至るまで，ケインズ経済学というものを程度の差はあれ，皆が広く教養として知っており，そしてその下支えが，当時の日本経済が自信を持って行動する大きな助けになっていたように思う」

(10) 一つの例として「ミュージアムぐるっとパス・関西」がある．
「ミュージアムぐるっとパス・関西」実行委員会（2005年設立）の下で，関西の主要な官・民の美術館・博物館が協力して発行する共通パス．施設や展覧会などの情報を一括的に提供する「案内書」と，有効期限内に無料または割引料金で利用できる「入場証」がセットとなり，利用者の利便性向上と施設の活性化を目的としている．2023年には50のミュージアムが参加するに至っている．

(11) この例として，大阪の伝統芸能であり世界無形文化遺産である文楽について，観賞料金を助成する「文楽デー，文楽ウィーク」の設定，言葉の壁を低くするための「口語文楽」（2002年「恋の陰陽師：安倍晴明ものがたり」）の試みなどを行った．

(12) この二つの催しは，いずれも大阪フィルハーモニー交響楽団大植英次音楽監督（当時，現桂冠指揮者）の"市民に無料もしくはリーズナブルな価格でクラシックを楽しむ機会を提供する"という強い思いに基づいている．この両プロジェクトは，大植氏と大阪市の文化・観光担当であった大平光代助役（当時）の直接対談で実施が決まったものである．
大阪クラシックの開始に当たり大植氏は次のようなメッセージを寄せている．
「〈大阪クラシック〉を機に，大阪が世界に誇る〈音楽の都〉へとさらに一歩近づくことを願いつつ，少しでも多くの皆様にクラシック音楽に触れて頂ける機会となることを祈っております」

(13) （社団法人）関西経済同友会：『「豊かな文化国家への戦略」調査団個別訪問先報告書』（1990）pp.36-39

(14) 平田オリザ：『芸術立国論』

第Ⅵ章

都市とビジター
―ビジターと「都市収支」―

6.1. はじめに

　「第Ⅴ章　都市と文化」でも言及したように，2001年度に大阪市に「ゆとりとみどり振興局」が創設された．当時の磯村隆文市長（在任期間：1995/12〜2003/12）が提唱する都市活性化戦略「国際集客都市構想」を先導する中枢組織との位置付けであった．

　その機能は文化，観光・集客，スポーツ，公園の4部門を集結したものであり，「総合計画21」において「遊」の概念で規定した都市の文化・アメニティ・ゆとりの機能を担当する部門である．いずれも都市の魅力を向上させていく鍵となる要素と位置付けたもので，それらを一体的に推進し，都市の魅力向上と活性化を図ることを期待されての船出であった．筆者は文化及び観光・集客の担当として新局に参画することとなり，以降，2006年度までの6年間，「総合計画21」で重視した「遊」機能の充実に従事する機会を得たのである．

6.2. 都市にとってビジターとは

6.2.1. 旅の目的地としての都市

　既述のように本稿は都市＝社会的装置論に立脚している．それは都市という空間に人・物・情報・エネルギー・資金などが集中され，これらが連結・融合・加工されることにより新たな物やサービス，文化，情報さらには人材などが創造され，これらを外に向かって輸・移出，発信していく装置との認識で

ある．このことは，都市はその都市のみで成立するのではなく，市域を跨いだ人・物・情報などの流出入の存在が都市成立にとって不可欠の要素であることを示している．そして今やこの交流は地球的規模で行われ，特に国際中枢都市においては国境を越え，時差を超えて活発に展開されるに至っていることは「第Ⅱ章　グローバル社会と都市」で述べた．

　したがって，市域を跨いだ人の往来は都市成立の基本的な要件であり，都市が機能するための本質的な要素と捉えるべきものである．

　このような経済や交易活動に伴う人の流れに加えて，市域を越えた人々の流れにはもう一つの流れが存在する．旅を目的とする往来である．シュンペーターが新機軸と呼んだ新技術の開発や新発明・発見，人々の創意工夫などイノベーションにより，生産性は向上し，所得の向上と余暇時間の増大がもたらされる．その結果，人々の旅への欲求は確実に高まっていく．余暇時間が増え所得も向上して生活に余裕ができ，社会が安定していると人は旅をしたくなるのである．これを神崎宣武氏は「旅欲」と呼んだ[1]．

　都市はその旅の目的地となり，そして旅を目的とした人々の流れは都市に大きな影響をもたらすのである[2]．

　現在では先進国だけでなく，世界経済の発展により次々とテイクオフに成功した新興国においても余暇時間を有する大規模な中間層が出現し，巨大な旅需要が顕在化しつつある．その経済発展の中心がアジアであることから，石森秀三氏はアジアで次の観光革命が起こるとし，これを第4次観光ビッグバンとして捉えている[3]．

　旅に伴う人々の動きは都市にとって小さな付属物ではなく，都市形成の不可欠の要素として，その重要性を飛躍的に高めつつある．とりわけ，常住人口や流入就業者・通学者の増加が見込めない成熟段階にある社会の都市にとっては．

6.2.2. ビジターの経済的意味

　経済活動や旅を目的とする人々の移動は計量的に都市の営みにいかなる重要度を持っているのであろうか．大阪市では1993年度より「観光動向調査」を実施してきた．以下ではこれに基づきその重要性にアプローチすることとする．

　大阪市に「ゆとりとみどり振興局」が発足した2001年の時点で考えてみる．

第Ⅵ章 都市とビジター──ビジターと「都市収支」──

表Ⅵ－1　大阪市の人口・ビジター数

(単位：1,000 人)

	1998	2001	2005	2008
人口（a）	2,596	2,599	2,595	2,652
昼間流入人口（b）	1,206	1,069	987	987
流入人口	1,496	1,333	1,239	1,239
流出人口	290	264	252	252
昼間人口（a+b）	3,802	3,664	3,582	3,639
交流人口（1 日平均）（c）	546	568	556	574
観光ビジター	263	277	276	286
都市活動人口（a+b+c）	4,348	4,232	4,138	4,213
ビジター総数（d）	199,360	207,450	202,840	209,710
観光ビジター	95,880	101,180	100,890	104,300
宿　泊	6,870	10,290	10,430	11,780
外国人	860	910	1,380	1,730

注：(b)は国勢調査時のみ判明するので，観光動向調査直近の国勢調査の数値を用いている
資料：総務省「国勢調査」，大阪市「観光動向調査」

2000年の国勢調査によると大阪市の常住人口は約260万人となっている．これは市内に居住する人口であり，都市で活動する人口は，この「常住人口」に通勤・通学のために日々定常的に市内に流入してくる「流入人口」を加え，同目的のために流出している人口を差し引いて求められる「昼間人口」概念で捉えられている．すなわち，

常住人口260万人＋流入人口133万人－流出人口26万人＝昼間人口366万人

となり，この昼間人口が都市で活動する人口を代表する指標とされている．

　しかし，見てきたように市域を跨いで流出入する人々の動きはこの日々の通勤・通学者だけにとどまるものではない．近郊からは買い物，食事，娯楽，会合，会議など様々な目的で，不定期かつテンポラリーではあるが，多くの人々が頻繁に流出入している．また国内各地や国外からもビジネス目的の出張や会議・会合，観光などを目的に多くの人々が市域を越えて流動している．

　本稿では通勤・通学のために日常的・定常的に出入りする流出入人口を「コミューター」，買い物・娯楽・旅行や出張などの目的で非定期的に来訪する訪問者を「ビジター」と呼び，このビジターに焦点を当てた分析を試みる．

165

都市にとって常住人口を第1の人口と呼ぶならばコミューターは第2の人口，ビジターは第3の人口と呼ぶことができると考える．

2001年におけるビジター：第3の人口の総数は年間延べ2億745万人と推計されている．1日平均に直すと約57万人である．これらの数のビジターが市内で活動しているのである．したがって，市内で活動する人口とは昼間人口366万人にこの57万人を加えた423万人とするのが適切と考えられる．これを「都市活動人口」と呼ぶこととする．

都市活動人口のうちビジターの占める割合は57/423 = 13.4％と，重要な位置を占めるに至っている．ただし，第1の人口，第2の人口が（生産・供給）及び（消費・享受）の両面で役割を果たすのに対し，第3の人口は（消費・享受）の活動が主であることには留意が必要である．

次にビジターの経済的位置付けについて見ることにしよう．市の調査ではビジターをビジネスビジター，観光ビジター，ビジネス兼観光ビジターと三区分し，観光ビジター及びビジネス兼観光ビジターを総観光ビジターとして，その経済効果を産業連関分析で明らかにしている（表Ⅵ－2）．

図Ⅵ－1から明らかなように総観光ビジター（以後観光ビジターという）とビジネスビジター（ビジネス兼観光ビジターを除く）はほぼ同程度の規模である．このうち観光ビジターによる消費支出を1人当たり消費額を基に算出すると約1.17兆円と推計され，その生産誘発効果は産業連関分析により1.69兆円，

表Ⅵ－2　観光ビジターによる経済効果

	1998	2001	2005	2008
1人当たり観光消費額（円）				
日帰りビジター	8,374	8,497	9,837	9,636
宿泊ビジター（国内）	33,652	38,452	35,365	34,797
宿泊ビジター（国外）			105,170	81,533
観光消費額（億円）	9,766	11,679	13,209	13,644
生産誘発額（億円）	14,086	16,871	20,423	21,411
所得効果（億円）（v）	6,208	7,517	8,787	7,767
市内総生産（億円）（p）	228,996	220,085	204,259	196,071
v/p（％）	2.71	3.42	4.30	3.96

資料：内閣府「県民経済計算年報」，大阪市「観光動向調査」

第Ⅵ章 | 都市とビジター——ビジターと「都市収支」——

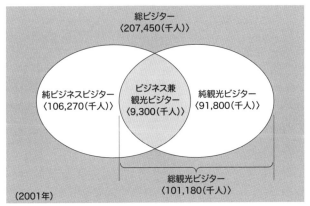

資料：大阪市「観光動向調査」
図Ⅵ-1　ビジターの類型

付加価値ベースの所得効果は7,500億円に達すると推計されている．これは同年度の市内総生産額の約3.4％に相当するものであり，同程度の規模のビジネスビジターが存在することを考慮すると，ビジター全体のウエイトは7％程度と考えられる．そしてこのウエイトは逐次上昇してきており，2008年度には，製造業（市内総生産の10.8％），不動産業（同8.6％）に迫るまでになっている．

6.3. 国際集客都市構想のコンセプト

6.3.1. プロローグ

ビジターの重要性に着目し，国の内外からできるだけ多くのビジターの大阪訪問を促すことにより都市の活性化を図る「国際集客都市構想」が磯村市長の下でスタートすることとなった．この構想は言うまでもなくゼロから構築するものではなく，都市としての長い歩みの結果として蓄積されてきたソフト・ハード，また自然環境や地理的条件などの都市の総合資産を生かしてビジターの増大とその都市活性化効果の最大化をめざす構想である．現在大阪は内外から多くのビジターを惹きつけ国際集客都市としての地位を向上させつつあるが，そのトリガーとなっているのは大阪城・四天王寺などの歴史的資産，ユニ

バーサル・スタジオ・ジャパン，海遊館などのエンターテインメント施設，キタ，ミナミ，御堂筋などの総合的な都市景観や都市機能，美術館・博物館・コンサートホールなど多様な文化・芸術施設，都市内水路・大阪港などウォーターフロント，四季の変化や年中行事，食など大阪の多様な都市魅力の複合体である．

　しかし，忘れてならないのは関西国際空港の存在である．関西国際空港は我が国初の本格的24時間空港であり，人・物・情報が出入する国際都市をめざす大阪にとっての門戸，不可欠な都市基盤となっている．同空港開港（1994年）前の門戸：大阪国際空港は市街地に立地し拡張の余地がなく，運用時間・発着枠の両面で厳しい制約の下で運用され，国際化時代を迎えつつある中，大阪が都市機能を発揮する上で大きなボトルネックとなっていた．

　このため新しい国際空港の必要性は認識されてはいたが，当時の環境問題に対する社会の厳しい雰囲気の中で空港計画の進捗は遅々としたものであった．そのような中，当時の大島靖市長は［コラム1］でもふれたように「公害のない24時間空港」の必要性を繰り返し主張し，世論にその必要性が認知されるよう力を注ぎ，実現に強いリーダーシップを発揮されていた．国際空港の必要性の根拠の一つに観光分野での活用を語っておられた（1981,1982年頃）．その趣旨は，近畿（面積：33,120㎢）をスイス（面積：41,280㎢）に重ねた次のようなものであった．

　「スイスではチューリッヒ・ジュネーブの二つの国際空港を中心に高速道路ネットワークが整備され，全国の観光名所へスムーズに移動することができ，観光立国の基盤となっている．近畿は豊かな文化・歴史的資産，素晴らしい自然環境を有しており，関西国際空港と大阪国際空港の二つの空港を拠点に高速道路の整備が進めば，スイスに比肩できる観光圏域になるはずである」また「関西国際空港から2時間以内のエリアには，上海・台北・ソウルなどアジアの主要都市の幾つかが入る．これらの地域で緊急医療を必要とする人々に対し，24時間空港であることを生かして，大阪の高度・先進医療機能を提供することにより世界に貢献することもできるだろう」

　関西国際空港は1994年に開港し，今や大阪の世界，とりわけアジア地域とのゲートウェイとして，あらゆる都市機能発揮の上で不可欠の社会資本となっている．国際観光都市をめざす上でも不可欠の，その存在なくしては語ること

ができないほどの重要性を持つに至っている.

6.3.2. 「都市型観光」概念の確立

旅を非日常の憧れ・興味に基づく行動であるとするなら，人々の圧倒的部分を占めるのは都市人口なのであるから，都市の市民が日常を離れて自らの都市にはない地方の自然，伝統，文化，物産，暮らしなどの体験を求める行動と考えられるであろう[4].

しかし，ある都市の日常は地方の人々にとってだけでなく，他都市の市民にとっても非日常なのである.

気候や地形などの地理的条件，歩んできた歴史，その過程で積み重ねられてきた有形・無形の蓄積（都市が果たしている役割や都市機能，構成する建造物やその全体像としての景観），また，そこに住む市民の気質や生活様式・習慣，さらには最新の流行などもその都市独自のものだからである.

このように考えると，都市はその都市の持つ多様な個性・最新性ゆえに人々の多様な「旅欲」に応えて，旅の目的地となりうる潜在力を持っているといえる.

大阪市の政策は「旅の目的地」としての都市のポテンシャルを最大限に開発・顕在化させ「都市型観光」という概念の下にビジターの拡大を追求する戦略であった.

6.3.3. 都市全体を集客装置に

ビジターは多様な非日常体験を求めて旅に出る. ビジターにとっては目的地の都市全体が非日常空間であり，都市は旅の目的地として大いなる可能性を秘めていることは述べたとおりである. しかし，それはあくまでも可能性であり，潜在力・ポテンシャルである. 実際に都市を旅の目的地とするためには，この可能性・潜在力を集客魅力として顕在化させる必要がある.

このため大阪市では有形・無形の都市ストックや，日常の営みをその存在目的に加えて，集客魅力を併せ持つものへと改善し，「都市全体を集客装置」とすることを追求した.

例えば，中央卸売市場は市民生活に不可欠な生鮮食糧取引の場であるが，観光客にとってはまさしく非日常空間であり，観光スポットとしても人気が高い. 商店街は市民の日常の買い物の場であるが，これも体験型観光地としての

可能性を有している．また水の都・大阪の運河・河川は従来物資の輸送路としての役割を果たしてきたが，水上観光資源として大いなるポテンシャルを秘めている．このように都市が蓄積してきたストックや，都市・市民の日々の営みを観光資源として活用できれば，都市全体を集客装置にすることができる．このような資源全体を活用した観光都市化は「都市はそこに住む人々の自画像」[5]であるがゆえにオンリーワンの観光都市構築に寄与するはずである．

6.3.4. 滞在型・体験型・交流型観光の追求

ビジターを都市形成力の要素として取り上げるのはなぜか．今一度整理しよう．

現在，我が国は2008年をピークに人口減少過程へと移行し，「第Ⅳ章 都市と人口」で見たように，経済社会の成熟化の進展と共に人口・産業の大都市集中傾向は終息しつつある．このためこれまで都市の発展拡大・活力を担ってきた第1の人口（常住人口）や第2の人口（コミューター）はこれまでどおりの大幅な拡大は望むべくもない時代に至っており，都市を取り巻く環境は大きく変貌してきている．

人口・産業の集中により急速に拡大してきた都市，この間蓄積してきた巨大なストック集積を持つ都市をこの新しい環境の下でどのように管理し，経営し，機能を発揮させていくかが問われている．新たな状況下において第3の人口：ビジターだけは長期的には増加していくことが予想され，都市にとってこのビジターをどう扱うか，どのように活用するかは成熟社会における都市政策を考えるときの重要なテーマなのである．

大阪市の国際集客都市構想も，ビジターの持つパワー・将来性を活力と魅力ある都市を構築するために最大限活用することを意図していた．第3の人口：ビジターに都市の蓄積を開放して利用の促進・増大を図り，その消費需要により第1の人口や第2の人口の維持や増大にも繋げ，都市の中心性を高めていく展望を持つものであった．

経済効果を最大限引き出すためには，できるだけ長期間滞在してもらうことが有効であることは表Ⅵ－2からも明らかである．したがって，大阪市の観光政策の第3の柱を「滞在型観光」の追求とした．

大阪市の観光動向調査（表Ⅵ－2）によると，ビジターの1人当たり推定消費額は2008年では，日帰りビジターが1万円弱であり，これに対し国内からの

宿泊ビジターの消費額は3.5万円程度，外国人宿泊ビジターのそれは8万円程度と推計され，宿泊ビジターの消費額が多いことは一目瞭然である．特に外国人ビジターの消費額が多くなっている．このため大阪としてはビジターの拡大において，宿泊ビジターとりわけ外国人ビジターの滞在型観光，そのための体験・交流型観光の取組に注力することを方針とした．

　また，ビジターを迎え入れることの意味は経済効果にとどまるものではない．実際に都市を訪れることはその都市に対する理解を深めることになる．つまり真の姿を発信する絶好の機会となる．その意味でも長期滞在を促し，その間に多くの体験・市民との触れあいの機会を充実することが有益である．このような滞在型，体験型・交流型の旅の推進によって都市とビジターの繋がりはより深くなり，リピーターとしての再訪も期待でき，また帰国した後の「越境EC」による経済効果も期待できるなど，息の長いビジター効果を引き出せるものと考える．

6.4. 国際集客都市の実現に向けて

　大阪市の集客都市構想の基本的枠組みを述べてきたが，以上のような枠組みを土台に，次の4本の柱の下に施策の展開を図ることとした．

　その第1はビジターが訪れたいと思う魅力を備えること，第2は実際に訪れたビジターが都市を市民と同じように使いこなせるような利便性を備えること，第3はビジターの訪問を都市全体で歓迎する雰囲気や環境を整備すること，第4に近畿・西日本の広域観光拠点としての役割を果たすことである．すなわち，ビジターにとってattractiveで，convenientで，friendlyなgatewayシティということができよう．これらの要素が備わった都市をビジターは繰り返し訪問したいと思うのではなかろうか．

6.4.1. ビジター attractive シティ

　ビジター来訪を実現するためには，その都市を訪れたいと思わせる魅力が必要なことは言うまでもない．観光資源はその都市に所与の資源や地形，その都市が歩んできた歴史や育んできた伝統，及び現代的で都会的な資源に大別できよう．当時の大阪の観光資源について整理したものが表Ⅵ-3である．

表Ⅵ-3　大阪市の観光資源（例示）

	個性及びその活用 （自然，伝統，歴史）	大都市性 （技術，文明，創造，トレンド）
都市 〈建造物〉	- シンボル構築物 　（大阪城天守閣，通天閣，中央公会堂） - 名所旧跡，神社仏閣 　（難波宮跡，四天王寺，住吉大社） - レトロ近代建築物 　（日銀大阪支店，中之島図書館，綿業会館）	- 超高層ビル群 　（WTC，あべのハルカス，空中庭園） - 大規模地下街ネットワーク
〈街並・景観〉	- 道頓堀，新世界	- 都市的景観 　（御堂筋，梅田，中之島，OBP）
地形・自然・季節 〈水の都〉	- 淀川・大川（水上バス） - 都市内運河（リバークルーズ） - 八百八橋	- 大阪港（クルーズ，ヨット）
〈緑〉	- 大川・中之島公園 - 大阪城公園	- 大規模都市公園 　（靱，長居，天王寺，南港野鳥園，鶴見緑地）
〈四季〉	- 春（桜：大阪城，大川，造幣局） - 夏（天神祭，淀川花火）	- 秋（大阪クラシック，御堂筋オープンフェスタ） - 冬（光のルネサンス）
ライフスタイル 〈食〉	- 庶民料理 　（お好み焼き，たこ焼き，串カツ，ラーメン） - 大阪名物 　（大阪寿司，うどんすき） - 黒門市場	- 世界の料理 　（ホテル，レストラン） - 料亭料理 　（花外楼，吉兆，なだ万） - 中央卸売市場
〈ショッピング〉	- 商店街 　（天神橋筋，道具屋筋，でんでんタウン）	- 百貨店，ブランドショップ街，地下ショッピング街 - スポーツ（野球，サッカー，テニス）
〈余暇・娯楽〉	- 落語，漫才，新喜劇	- 動物園，植物園 - 水族館（海遊館） - テーマパーク（USJ）
文化・芸術 〈舞台芸術〉	- 文楽（文楽劇場） - 上方歌舞伎（松竹座）	- 音楽・コンサート（大阪フィル，関西フィル） 　（フェスティバルホール，シンフォニーホールなど） - ショー・ミュージカル（OSK，劇団四季）
〈展示芸術〉	- 郷土・歴史博物館 　（大阪城天守閣，大阪歴史博物館，住まいのミュージアム）	- 美術館 　（国立国際，市立美術館，中之島，東洋陶磁） - 民間美術館 　（藤田，湯木，香雪） - 博物館 　（科学館，自然史博物館）
ビジネス・交流	- 大阪企業家ミュージアム - 企業博物館	- 各種見本市・国際会議 　（インテックス大阪，マイドーム大阪，国際会議場）

注：（　）内は理解を助けるための例示

そして，大切なことは次のような取組である．

① 観光資源としての可能性を持つ都市資源の徹底的な洗い出し（棚卸し）

観光資源として価値の高いものは，その都市独自の資源（only one），また他都市に存在してもそれを凌駕する資源（number one）である．新しい視点でビジターが魅力と認識する可能性のあるものを「都市資源の棚卸」的姿勢で洗い出す．

② 都市資源の観光資源化，価値向上のための加工

次のステップは，洗い出されたものを実際の観光資源へと変容させる，また，その価値を一層高めるための取組である．

③ 個々の資源の連結による新しい観光商品の開発・発信

個々の資源は観光商品の一つの要素・部品である．これらを組合せることにより実際の観光商品を開発する．

6.4.2. ビジター convenient シティ

都市活動人口のうちビジターと第1及び第2の人口との違いは，ビジターが

① 都市の使い方に慣れていない

② 滞在時間に限りがあるため時間の有効活用を重視する

ということであろう．

このため，ビジターが都市滞在を楽しめるサービスと，時間を有効活用するための環境整備が重要となる．この二つの側面からビジターにとって利便性の高い都市をつくることが大切である．

第1はビジターが「市民と同様に都市を使いこなすためのサービス」である．まず，外国人ビジターに対する多言語対応が挙げられる．外国人ビジターがあらゆる場面で言葉の壁を越えて滞在を楽しめるために極めて大切な対応である．また多様な宿泊施設，情報入手のための観光案内所や地図・情報誌，案内標識，Wi－Fi環境などの充実が必要である．

第2の時間の有効活用の支援策としては，移動を円滑にするための交通パス，観光拠点を効率的に巡るループバスシステムや観光タクシー制度，美術館・博物館入場のための共通パス，夜の時間を有効に使うためのイブニング・エンターテインメントの充実や文化施設の曜日を決めた夜間開館など，また，雨の日対策として地下街の魅力アップに努めていくことなども必要である．

6.4.3. ビジター friendly シティ

ビジターが真に歓迎されている雰囲気も極めて重要な要素である．都市や人々の包容力といっていいものである．これによりビジターの居心地は良くなり都市に対する評価・好感度は大きく高まるであろう．観光資源の魅力や利便性も大切であるが，ビジターが快く迎えられているという感覚は何物にも代え難いものである．都市の歓迎力・包容力をできるだけ形にすることが大切である．例えば，市民による観光ボランティア制度や日常生活を体験できるホームステイ・ホームビジット制度など市民との直接交流の拡大，観光施設との位置付けではない施設等のビジターへの開放，例えば，産業観光・学校訪問・卸売市場ツアー，伝統文化の体験機会などである．これらが可能となるのは都市や市民がビジターを快く迎えているという証であり，ビジターの滞在体験を豊かにする極めて重要な取組である．

6.4.4. ビジター gateway シティ

日本最初の都が飛鳥地方に誕生し，以来明治の東京遷都まで都は移動しても常にこの近畿にあって，この地は我が国の最先進地域であり，政治・文化・経済・交流の中心地として歩んできた．

このため，この地域には豊かな歴史的蓄積から最新都市文明まで，文化もハイアートからポピュラーカルチャーまで，豊かな自然と世界有数の巨大都市圏の併存など，多様な文化・文明・自然の宝庫となっている．大阪・京都・奈良・神戸・伊勢・和歌山をはじめとする個性豊かな都市群が存在し，これらが発達した鉄道網・高速道路網で密接に連結され，観光の観点からも極めて魅力を秘めた圏域となっている．

大阪を拠点として，ビジターがこれら観光拠点を周遊して，このエリアに長期間滞在をすることは，我が国の歴史・文化への理解が深まると共に，経済・地域活性化効果も期待できる．

さらに広域的視野に立てば，成田・羽田両国際空港と関西国際空港を東西二つのゲートウェイとして日本周遊ツアーが盛況となっており，大阪は2大ゲートウェイの一方の核として，西日本，さらには全国観光の広域周遊プランの充実に寄与していく役割もある．大阪は広域観光の重要性を認識し，そのハブ都市として役割を果たしていくことを第4の柱とした．

第Ⅵ章 都市とビジター──ビジターと「都市収支」──

【コラム7】
観光資源の「在庫管理」と「商品管理」

　観光資源の件に関して筆者が2002年に直接面談した米テキサス大学のトーマス・カノン教授の考え方を紹介する．教授は「リバーウォーク」，「アラモの砦」などを有し，全米有数の観光都市であるサンアントニオ市のアドバイザーを務め，観光施策の実務に精通しておられる．その考え方は極めて参考になると思われる．
① 現在どれだけの観光資源を持っているのか，その資源はどれほどの価値があるのかを正確に把握して評価することが重要である．評価は他都市と同じ種類の観光資源と比較して行う．習慣などの目に見えない資源も考慮に入れる．違った角度から異なる目によって見落とされているものを再発掘する．その意味で観光資源は一般商品同様「在庫管理」が必要である．
② 在庫管理ができれば次は「商品管理」である．観光資源も時間の経過に伴い風化し，価値の減少を免れ得ないが，商品管理により価値を保ち，また価値を高めることができる．そのために常に新しいアイディアを採用しなければならない．例えば歴史的遺産の一つであるアラモの砦においては商品管理として，建物と周辺の整備，展示物の充実，展示の方法，解説の内容，季節ごとの催しなど，常に変化を与え商品価値を高める努力を行っている．

6.5. 観光都市の共通課題：創造的なマーケティングの重要性

　ビジターを獲得するための対応策について考察してきたが，訪問地を決めるのはビジターであり，そのビジターに多くの都市の中から訪問地として選択してもらわなければならない．そこでマーケティングが重要になってくる．そのマーケティングについて重要と思われるのが，ピーター・F・ドラッカー氏の「市場のダイナミクスを理解したマーケティング」の考え方である．氏はマーケティングと販売を区別し，販売は顧客に自らの生産物を売り込む行為，これに対し「真のマーケティングは顧客の観点から自らの全事業を考える行為」として「顧客の行動様式，価値観，期待感を見極め，客が求めているもの，欲しているもの，期待しているものを作り出し提供する」ことだと述べている[6]．

175

この考え方に基づけば，観光のプロモーションにおいても自らが魅力と考えるもので集客を図ることは販売，顧客の期待・ニーズを把握してこれに合致する商品を開発し提案することがマーケティングということになる．観光プロモーションにおいて重要なのも，このマーケティングの概念と認識すべきである．自らが持てる資源の的確な把握の上に市場調査・分析を的確に行い，それに沿った商品の開発を進め提示することが大切なのである．例えば，ビジターのニーズが次図の左側のようなものとすると，前に示した大阪の持つ観光資源を如何に繋ぎ合わせ商品を作るかが問われるのである．

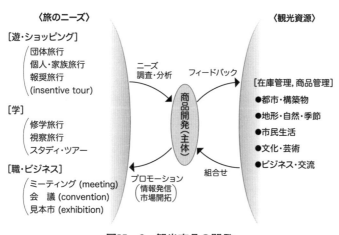

図Ⅵ-2　観光商品の開発

　どこを市場開拓のターゲットにするのかの決定や，その市場の調査・分析，ニーズに合致した商品開発を進めるための体制の確立が重要である．
　筆者が担当していた当時，大阪市は上海，台湾，香港，韓国の4か国・地域をメインターゲットとしてプロモーションを展開しつつ，次の新しい市場の開拓を模索している時期であった．例えば，上海において一般市民は「大阪という都市の名前は知っているが，どのような都市なのかその実際はよく知らない」という状況とされていた．このため，大阪という都市の姿をテレビで繰り返し発信し認知度を高めつつ，観光プロモーターを常設し，当該地域のニーズの把握に基づく観光商品開発へフィードバックする体制づくりを行った．
　マーケティング部門を観光都市づくりの戦略部門として位置付け，果たす役

割を明確にして充実することに高いプライオリティを置くべきである.

［コラム8］
大阪がプロモーションで強調すべき具体的提案

　筆者は2002年に［コラム7］のサンアントニオ市のほか，大阪市の姉妹都市であり，米国有数の会議・観光都市であるシカゴ市を訪問し，市の担当者・学識経験者・旅行雑誌編集者などとの意見交換を行った．その中で大阪が米国市場を開拓するためには次のような点を強調すべきとの提案を受けた．隔世の感のある項目もあるが，現在でも傾聴すべきものがあると考える.

①　「本当の日本を知るためには大阪に行こう」という趣旨のプロモーションを行う.

　東京は「インターナショナルシティ」であり，ニューヨーク・ロンドンなどと同じである．大阪は「ジャパニーズシティ」であり，特に京都・奈良との近接性を活用して，「本当の日本を知るには大阪が最適である」との視点に立ったプロモーションを行うべきだ.

②　大阪が西日本のゲートウェイであることを強調する.

　日本に旅行に行く場合，近畿だけ回って帰ることは少ない．関西国際空港から入り成田国際空港から出る，また成田から入り関空から出るパターンを増加させるべきである．そのためには関西国際空港，大阪が西日本のゲートウェイであることを強調すべきである．新幹線で簡単に移動できるのであるから，特に姫路・岡山・萩・山口などが魅力ある都市である.

③　日本の都市は安全・安心であるということをアピールする.

　アメリカ人に日本に行きたいかと聞くと行きたいと言う．その順番は世界の中で12，13番目である．しかし，2001年9月11日の同時多発テロ以降特に安全・安心という点が重要視されるようになってきている．日本の都市は安全で安心だということを強調すべきである．そうすると順位は1,2番へ上がるだろう.

④　大阪は物価が安いことを強調すべきである.

　日本の物価は高く，インバウンドの障壁になっている．ただ大阪は東京と比較して物価が安い．シカゴ市民には「シカゴと同じ」といえるのではないか．そうすることで大阪へ行く観光客が増やせるであろう.

6.6. むすび

　筆者は「ゆとりとみどり振興局」が発足した2001年度から2006年度まで在籍したが，その6年間は，大阪が国際集客都市として立ち上がっていくためのハード・ソフト様々な基盤をつくる時期であった．その成果はすぐに現れるものではないが，必ずや大きな成果を生み出すとの見通しがあった．現在，大阪はアジア諸国との人的交流の拡大に伴って，国際観光の拠点都市として，その位置を向上させつつあることは喜ばしい．今後は，「都市収支」概念の中でビジターの経済的重要性を計量的に明らかにしつつ施策が推進されることを期待したい．また，観光ビジターと同等，もしくはそれ以上の重要性を持つと考えられるビジネスビジターや，「デジタルノマド」と呼ばれる人々への対応に本格的に取組むことも課題と考える．

（注）

(1)　神崎宣武：「前口上」『江戸の旅文化』岩波新書，（岩波書店：2004）

(2)　例えば次の文献参照

　　1)　井原哲夫：「〈都市収支〉という概念」，「歴史都市の盛衰」『巨大都市と人口構造』
　　　　「都市収支」概念を提示し，江戸が100万都市となった背景の一つを参勤交代による江戸消費によるものとし，もし，参勤交代制がなければ60万程度の都市にとどまったと推定されている．

　　2)　J.ゴットマン，P.A.ハーパー編,宮川泰夫訳,『メガロポリスを超えて』SDライブラリー15，（鹿島出版会；1993）（以下『メガロポリスを超えて』と略記する）
　　　　「一時滞在者」を受け入れることは中心都市の中心性を構成する重要な機能であるとし，それが急拡大しているとの認識が示されている．まさしく，筆者が「第Ⅱ章グローバル社会と都市」で述べた「グローバル交流財」として認識すべきものである．

(3)　石森秀三：「観光革命と二〇世紀」『観光の二〇世紀』（ドメス出版；1996）
　　　　　　：「大交流時代における国際集客都市・大阪の可能性」『市政研究』131号，（大阪市政調査会；2001）
　　「世界の諸民族は19世紀の中頃から現在まで三回にわたって観光をめぐる革命的転換を経験してきた．この構造的変化は半世紀ごとに発生している．第一次観光革命は19世紀中頃にヨーロッパで，第二次は1910年代に米国において，第三次は1960年代に北半球の先進諸国で起こり，次の第四次革命は2010年代にアジアで起こる」としている．その理由として，アジアの巨大人口，急速な経済発展，旅のインフラ整備の進捗，経済振興施策としての観光の重要性の認識等を挙げている．

第VI章 都市とビジター──ビジターと「都市収支」──

(4) 三木清：「旅について」『人生論ノート』（雪華社；1967）

(5) 井尻千男：「政治の形と都市の形」『自画像としての都市』（東洋経済新報社；1994）
「都市はそこに住む人々の自画像である．長い時間をかけた集団的自画像といっても
いい．日本の都市は良きにつけ，悪しきにつけ，日本人の脳細胞の配列の反映に他な
らない」

(6) P.F.ドラッカー：林雄二郎訳，『断絶の時代』（ダイヤモンド社；1969）pp.66-72
（以下『断絶の時代』と略記する）
また，次の文献参照
松原隆一郎：『経済学の名著30』ちくま新書785,（筑摩書房；2009）p.160
カール・メンガーの理論経済学にある「販売可能性」の一例としてココアを挙げた解
説が説得的である．
「ココアは飲料としてはあまり売れない商品だったが，ポリフェノールが多く含まれ
るとテレビで報じられると，抗酸化作用を持つ健康食品として瞬く間に需要に火がつ
いた．供給側はココアを飲料として規定していたが，消費者は健康食品としてしか需
要していなかったのだ．ココアの販売可能性は飲料として売ろうとする限り低く，健
康食品としてであれば高いのである」

第Ⅶ章

都市構造の変遷と再構築
―多様な都市機能の包摂と都市構造―

7.1. 大阪都市圏の圏域構造

7.1.1. 圏域の規模と特徴

　都市化の進展により，大阪市を中心とする半径50〜60kmの地域に，大阪市と経済的・文化的・社会的に密接な関係の下で機能する大都市圏域が形成されてきた.

　圏域は大阪府域を中心に京都・兵庫・奈良の主要なエリア，及び三重・滋賀・和歌山の一部エリアにまで広がり，面積：7,800km²，人口：1,700万人，昼間就業者数：815万人の規模となっている.

　本都市圏は「序章　都市の動態分析に当たって」で見たように，国際連合の報告書「The World's Cities in 2018」において，世界第10位の巨大都市圏としてランク付けられている（東京都市圏が世界最大とされていることも前述のとおりである）.

表Ⅶ−1　大阪都市圏の規模・主要指標（1990年）

	市町村数	面積 (km²)	人口 (千人)	人口密度 (人/km²)	昼間就業者数 (千人)	大阪市への 流入人口 (千人)
大阪都市圏	67市61町村	7,779	16,900	2,173	8,155	1,454
大　阪　市	1市	220	2,624	11,906	2,455	−
第1次圏域	29市	1,190	6,521	5,482	2,441	1,016
第2次圏域	37市61町村	6,369	7,755	1,218	3,259	438

出所：大阪市「大阪市の現況」（1995）
資料：面積：国土地理院「全国都道府県・市区町村別面積調」
　　　人口等：総務省「国勢調査」（1990）

図Ⅶ-1 大阪都市圏図（1990年当時）

出所：大阪市「大阪市総合計画 21」

ここで大阪都市圏の特質について，東京都市圏との比較で簡潔に触れておく[1]．

(1) コンパクトな圏域と稀少な可住地面積

　東京都市圏は我が国最大の関東平野（約1万6,000km²）に展開し，広大な可住地面積を擁している．

第Ⅶ章　都市構造の変遷と再構築—多様な都市機能の包摂と都市構造—

　これに対し大阪都市圏の圏域は約7,800k㎡と比較的コンパクトであり，その中に六甲・北摂，生駒・金剛・和泉などの多くの山系が存在するため可住地面積は圏域の約50％：4,000k㎡にとどまり，かつ大阪平野（1,600k㎡），京都盆地（270k㎡），奈良盆地（300k㎡），阪神間の臨海部などに分散配置される形となっている．

　1990年の時点で，その可住地のうち41％強が人口集中地区（Densely Inhabited Districts，以下DIDと記す）として既に市街地化されている．

表Ⅶ-2　大阪都市圏の開発進行動向

	総面積 （k㎡）	可住地面積 （k㎡）	DID面積 （k㎡）	可住地面積／ 総面積 （％）	DID面積／ 可住地面積 （％）
大阪都市圏	7,842	4,023	1,661	51.3	41.2
大阪市	221	221	219	100.0	99.0
第1次圏域	1,190	894	685	75.1	76.6
第2次圏域	6,431	2,909	757	45.2	26.0

注：1）総面積，可住地面積は1993年，DID面積は1990年の数値
　　2）可住地面積＝総面積−林野面積−主要湖沼面積
資料：1）総面積，可住地面積：総務省「統計で見る市町村の姿」
　　　2）DID面積：総務省「国勢調査」

(2) 特色ある都市群による多核・多軸型構造と役割分担

　東京都市圏の歴史は1603年の江戸幕府の開府以来であり，明治維新を経て現在に至るまで約400年の間，政治・行政の機能を核に文化・経済の中心として発展してきたが，その中心は江戸城→宮城→霞ヶ関と動かず，ここを核にしたJR山手線を中心に同心円的に市街地が拡大し，一極集中型の圏域構造が形成されている[2]．

　これに対し大阪都市圏エリアは3～5世紀の古墳時代以来の千数百年に及ぶ歴史を歩み，その中で政治・行政の中心は飛鳥→難波→平城京→大津京→平安京→大坂城と移動し，それぞれの都市は現在においても特色ある都市として存在を確立している．加えて中世の貿易都市・自治都市：堺，徳川御三家の城下町：和歌山，近代に急発展した国際貿易都市：神戸なども存在し，中枢都市大阪とこれら都市を結ぶ軸上に人口や都市機能が集積する多核・多軸型の圏域構造が形成されている．

183

その中で，京都・大阪・神戸の三大都市は独自の歴史的歩みから特色ある中枢都市機能を備え，フルスペックの大都市機能を一種の社会的役割分担ともいうべき関係で担い，その連携・結合によって一体的な都市圏活動が展開されていることも特徴といえる．

(3) 豊かな自然環境と歴史的・文化的蓄積

　既述のように，大阪都市圏域は多彩な山系のため豊かな緑を有しているほか，瀬戸内海に開かれ，琵琶湖から大阪湾に至る淀川水系や，山系の間を流れる木津川，桂川，大和川，猪名川など豊かな水系をも有し，水と緑の自然環境に恵まれた圏域となっている．

　また，この圏域は我が国都市の発祥の地であり，長い歴史の歩みの中で広く，歴史的・文化的資産が蓄積され，我が国の歴史・文化のふるさとの位置を占めている．

表Ⅶ－3　歴史的・文化的蓄積の状況（1987年3月31日）

	国宝・重要文化財				史跡・名勝・天然記念物			
	絵画・彫刻 工芸品・書跡	考古・ 歴史	建造物	計	史跡	名勝	天　然 記念物	計
京　　都	1,910	30	321	2,261	70	49	9	128
大　　阪	580	28	90	698	63	4	5	72
兵　　庫	338	43	108	489	28	4	15	47
奈　　良	1,146	49	314	1,509	100	7	19	126
大　阪　圏	3,974	150	833	4,957	261	64	48	373
全国比（％）	41.0	31.4	37.8	40.0	20.0	23.2	4.9	14.5
東　　京	2,151	144	47	2,342	39	7	14	60
神　奈　川	278	10	42	330	44	3	6	53
千　　葉	47	2	26	75	20	－	12	32
埼　　玉	43	5	19	67	17	1	12	30
東　京　圏	2,519	161	134	2,814	120	11	44	175
全国比（％）	26.0	33.7	6.1	22.7	9.2	4.0	4.5	6.8
全　　国	9,700	478	2,204	12,382	1,303	276	985	2,564

資料：文化庁「文化庁年報」（昭和61年度）

7.1.2. 国土構造の中の大阪都市圏

経済活動は人・物・情報・資金などの国境を越えた緊密な交流を通じて大規模かつ活発に展開され，人々の行動範囲や視野はより広域化していく．このような経済・社会活動の広域化・緊密化の進展，また大阪・名古屋・東京を結ぶ新名神・新東名高速道路，リニア中央新幹線，情報・通信ネットワークなどの整備に伴い，各々独立していた大都市圏がより繋がりを強め，緩やかながら一つの巨大都市回廊ともいうべきものへ発展し，我が国経済社会発展のリード役として，将来にわたり重要な役割を担っていく．

特に大阪と東京はこれまでも国土構造の二大中心として，"時間的機能ローテーション"ともいえる相互補完を通じて，我が国発展の先導役を果たしてきている[3]．

誤解を恐れず概略的に見ると，

- 江戸時代：「天下の台所」創造的な経済センター：大坂と，消費・文化都市：江戸
- 幕末の混乱，明治維新期：新経済体制への移行に伴う大阪の停滞と，政府主導による産業政策による東京の発展
- 明治後半：大阪における民間主導の産業革命（軽工業）の開花による東京との拮抗
- 大正〜戦前：大阪が工業都市として，海外への輸出基地として絶頂期を迎え，関東大震災により東京が打撃を受ける中，大阪が経済中心地として役割を発揮
- 戦時〜戦後：重化学工業化，統制経済などにより経済の比重が東京へ移行

といった構図である．

すなわち，経済変革期における新しい経済システムへの脱皮，大災害時の機能代替やバックアップ，潜在力の最大限発揮などの重大な課題に直面した際には，この二極の時間的な機能分担とも呼びうる役割の発揮によって，これら困難な課題を克服して，今日に至っているといえるのである．

今後とも我が国では，民間主導の経済と政府主導型経済の間で振幅が生じ，新しい経済システムの登場の際の旧制度からの脱却，巨大災害時におけるバックアップの必要性などが生じよう．これらに的確に対応すると共に，人口減少社会の中で潜在的な経済成長力を最大限発現するためにも，巨大都

市回廊の東の拠点・東京圏に加えて，西の拠点である大阪圏の役割は極めて重要と考える．

7.1.3. 圏域開発・整備の基本姿勢

以上のような大阪都市圏が担うべき役割を果たすため，圏域が持つ特徴や制約条件を考慮し，都市圏域の開発・整備のあり方について，大阪市では次のような基本方針で臨むこととし，これらを圏域開発の共通認識とするよう訴えてきた．

その基本方針とは

① 豊かな自然環境や歴史的・文化的遺産の保護・活用

② 稀少な可住地を有効に活用するため，都市の無秩序な拡大の抑止

このため，

③ 既存の都市空間の計画的な高密度活用

④ 新たな都市開発に当たって，複合的な都市機能を備えた「都市核」の計画的な創出

⑤ これらの都市・都市核間のネットワークの充実

である．

圏域の特徴である多核・多軸型構造の一層の充実によって，新しい都市機能の拡充をめざすものである．

そのため，京阪神三大都市においては歴史的・文化的蓄積に配慮しつつ，再開発や都市更新を進め，また新しい都市核を千里丘陵，関西文化学術研究都市，大阪湾ベイエリア，関西国際空港周辺地域などにおいて計画的に創出し，これらを湾岸軸，南北軸，東西軸などで連結する構想である．

7.2. 中枢都市・大阪市の都市構造

7.2.1. 都市構造の変遷と課題

(1) 都市構造の変遷[4]

現在の大阪市の街の原型は豊臣秀吉による大坂城築城と城下町の建設にある．大坂城が立地する上町台地からその西方の東横堀川に至るまでの地域に

第Ⅶ章　都市構造の変遷と再構築—多様な都市機能の包摂と都市構造—

三の丸を中心とする武家屋敷町が，東横堀からさらに西方の西横堀までの平地には，町人町が計画された．

　このまちづくりの主軸は

①　堀川の開削

②　開削によって生じた土砂の盛土による宅地の造成

③　道路や背割下水の建設による街区の形成

であった．

　大坂城下町は城から西の方に向かい，東西の大川・堂島川・土佐堀・安治川の水の流れに沿って構築されてきた．また道路幅も東西方向が4間3分（7.8m），南北方向は3間3分（6 m）と東西方向が主軸であった．

　この秀吉の城下町は大坂夏の陣（1615年）で建物はほとんどが焼失，堀川・道路・下水の都市インフラだけが残るのみとなった．しかし，徳川の治世になってからも残された都市基盤は活用され，また人口の増大や経済活動の増勢に伴い，西横堀川以西の堀川がこれも主に東西方向に順次開削され，その土砂による宅地の造成によって市街地は西横堀以西へと拡大していった．

　「天下の貨七分は浪華にあり，浪華の貨七分は舟中にあり」といわれたように，河川や堀川などの水路が商都・大坂の動脈となって「水の都」としての基盤が築かれた．その意味で「天下の台所」時代の主都市軸は，大坂城から海に向かって東西方向に形成されていたと見ることができる．

　時代は明治となり近代化・工業化がスタートする．鉄道が1874年に大阪・神戸間，1877年に大阪・京都間に開通し．さらに1889年には神戸・新橋間が結ばれ，大阪駅（梅田）はまさに国土軸上の結節点となった．

　また，1885年には阪堺鉄道の難波・大和川間，1888年に大和川・堺間が開通し，難波が南のターミナルとなった．

　この両拠点間が1935年の地下鉄・御堂筋線（梅田・難波間）の開通，1937年の街路・御堂筋の開通により連結され，この御堂筋を中心に南北軸が形成されていく．近代の都市軸である．

　その後，新幹線，名神高速道路などの開通や千里丘陵での日本万博の開催など大阪北部の開発が進み，南北都市軸は北方に伸びていく．また関西国際空港が泉州沖に開港して南北軸は南に向かっても伸長しつつある．したがっ

187

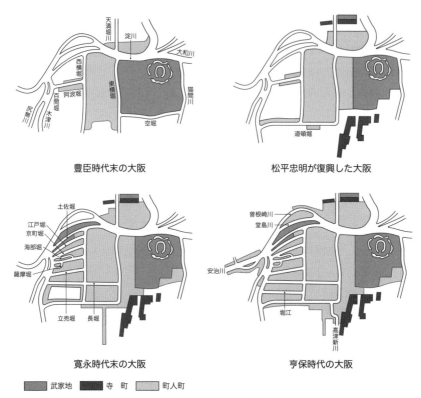

出所:大阪市「大阪のまちづくり―きのう・今日・あす」(1991), p.16

図Ⅶ-2 堀川開削と近世のまちづくり

て近・現代の都市軸は国土軸,及びこの南北都市軸であり,これらを中心に都市・大阪の活動が展開されてきているといえるであろう.

(2) 都市構造上の課題

　ここで注意しなければならないことは近世・東西軸と近代・南北軸は性格を異にする都市軸であるということである.

　「天下の台所」時代の大坂には40万人前後の人々が活動していて,住み,働き,憩いの全ての活動がこの中で行われていた.このため,近世の東西都市軸は物の流れ,情報の流れ,人の往来の主軸として機能し,また,文化や憩いや学びなど生活全般の多様な機能も,この軸上及びその周辺に集積し

188

て，現在の都心に相当するエリアは多彩な都市機能を備えていたのである．

これに対し，近代，特に戦後においては都市の急拡大により大都市圏が形成されてきたが，この過程で都心から居住機能，及びそれに付随する生活の諸機能が郊外に移転していくことになった．この結果，近代の都市軸としての南北軸はビジネス・商業に特化した都市軸としての性格を持つに至り，大阪の街が備えていた多様な機能が流失・衰退して，都市機能の純化・単純化が進んできたともいえよう．

したがって，都市圏の中枢都市・大阪は将来に向けて，活力ある国際都市として必要な高次都市機能を飛躍的に高めると共に，21世紀都市にふさわしい生活の質を実現するための機能も充実していかなければならない．多核・多軸型都市構造の構築はこのような多種多様な都市機能を包摂するまちづくりの構想としての意味を持っているのである．

7.2.2. 都市構造の再構築—多核・多軸型都市構造へ—

(1) 基本的考え方

この構想を最初に整理し発表したのは，筆者が構想策定スタッフとして参画した「テクノポート大阪懇話会」の報告書である[5]．ここに，多核・多軸型都市構想をめざすことの背景や意義について基本的考え方が整理されているのでその骨子を紹介することとする．

「今後21世紀に向けて都市機能の充実を図るには，これまで都市の発展を支えてきた南北軸・東西軸の再編・強化を図ると共に，21世紀の大都市にふさわしい都市構造をつくり上げていく必要がある．

まず，大阪湾岸軸の形成が重要である．大阪湾岸部は，今後新たな埋め立てによって広大な土地が創出される．このため，関西国際空港，大阪南港・北港地区（現在の咲洲，舞洲，夢洲地区），神戸といった都市核の連携の中で大阪湾岸軸全体の集積効果を発揮させることが重要である．

さらに，新しい東西軸の形成が必要である．大阪湾岸軸から大阪都心部，さらに関西文化学術研究都市に至る東西方向の都市軸を南北軸との機能分担を図りながら，新しい情報・文化の都市軸として強化・育成する．特に大川・大阪城・大阪ビジネスパーク（OBP），中之島地区を大阪市のシンボル

189

ゾーンとして一体的な整備を図る中で，大阪の国際化・情報化・文化の振興に必要な施設を整備する．

従来の南北軸では再開発による土地の高度利用を図り，本社機能を集中立地させるなど機能の強化を図る．

また，この都市軸構築と共に新たな都市核の形成を図る．南北軸上の都市核として新大阪，阿倍野などの地区は，後背地のポテンシャル，交通の便などを生かし，副都心的地区への脱皮を図る．東西軸上の都市核では大阪ビジネスパーク（OBP）を国際化・情報化の拠点として整備すると共に，大阪湾岸軸と東西軸の交点に位置する南港・北港地区などの新臨海部は関西国際空港と直結され，大阪の都心集積との近接性を有し，加えて埋め立てによる広大な土地を計画的に利用できるところから，本格的な都市核の形成を図ることとし，これに向けて計画的・集中的整備を図っていく」

(2) 新しい都心形態の構築
① 新都心の形成
「大阪港の新臨海部はその広大さから，それ自身において一定の総合性を持った都市核として開発されねばならない．そして広大なスペースを持ち都心部・関西国際空港と直結されるという特性を最大限に生かすためには，この地域を各種の先端的な高次都市機能の大集積地区として開発し，21世紀を展望し得る新しい都市核として発展させていくことが最も望ましいと考える．すなわちこの地域を

ⅰ）先端技術開発機能

ⅱ）国際交易機能

ⅲ）情報・通信機能

の集積した「テクノポート」として開発すると共に，この地域が21世紀の新たな都市核として人々に魅力ある地域となるよう高度な文化的機能，さらには快適な生活・レクリエーション機能などを備えた都市空間として整備していく」

② 都心部の再構築
「新臨海部において本格的に整備される情報通信・情報処理，コンベンション・展示，交易，研究開発，研修などの機能や，都市的な生産・物流

第Ⅶ章 都市構造の変遷と再構築—多様な都市機能の包摂と都市構造—

機能の立地を受けて,大阪都心部は中心業務地区として従来にも増して世界各地や全国各地の情報に直結し,意思決定の場や人々の直接交流の場としての価値を高めていく.さらにスペースを多く使用するタイプの業務関連機能が都心部外へ移動し,入れ替わりに,多彩なコミュニケーションや文化的活動の場,教育・学習の場,観光・アミューズメントの場,質の高い居住の場としての性格を強めていくことなる.このため,多様な高次都市機能を包摂した魅力的な都心へと再構築を進める」

以上のような基本的な考え方は1990年策定の「総合計画21」へと引き継がれ,都市空間整備の基本方針として位置付けられた.その概略を示したのが図Ⅶ-3である.

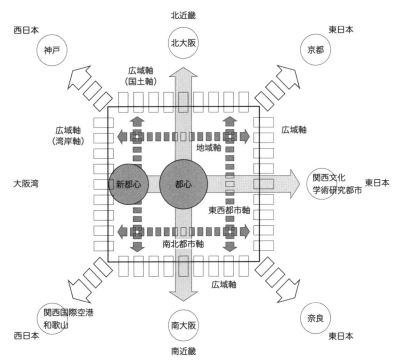

出所:大阪市「大阪市総合計画21」
注:上記出所より,ブロック区分を削除して作成

図Ⅶ-3 都市構造図

(3) その後の展開

多核・多軸型都市構造構築の方針を盛り込んだ,「テクノポート大阪計画」の発表（1985年2月）,「総合計画21」の策定（1990年10月）から約30年が経過した.

この1990～2022年の間の都市づくりを新都心・東西軸に焦点を当て, 施設整備や拠点開発などハード中心に集約したものが表Ⅶ－4である.

表Ⅶ－4　新都心・東西軸を形成する主な新規プロジェクト（1990～2022年）

○鉄道 - 地下鉄:大阪港～コスモスクエア（1997） 　　　　長堀鶴見緑地線（1997） - JR:東西線（1997） - 京阪:中之島線（2008） - 阪神:なんば線（2009） - 近鉄:けいはんな線（2006） ○臨海部新都心 （咲洲） - 航空貨物ターミナル（1994） - ATC（1994） - WTC（1995） - 国際フェリーターミナル（1996） - 海洋博物館（2000） （舞洲） - 舞洲スポーツアイランド 　　運動広場, 球技場など（1994） 　　舞洲アリーナ（1995）, 野外活動センター（1998） - 舞洲障がい者スポーツセンター（1997） - 舞洲陶芸館（1998） ○川筋（大川～土佐堀・堂島川～安治川） - 海遊館（1990） - ユニバーサル・スタジオ・ジャパン（2001） - 中央卸売市場改装（2002） - 桜の会・平成の通り抜けプロジェクト 　　（2004～） - 藤田美術館改装（2022）	○中之島地区 - 国際会議場（2000） - 中央公会堂改修（2002） - 大阪大学中之島センター（2004） - 国立国際美術館（2004） - フェスティバルホール（2013） - 中之島香雪美術館（2018） - こどもの本の森中之島（2020） - 中之島公園改装・遊歩道完成（2021） - 大阪中之島美術館（2022） ○大阪城・OBP地区 - 大阪城天守閣・平成の大改修（1997） - NHK大阪放送会館（2001） - 大阪歴史博物館（2001） ○鶴見緑地地区 - 国際花と緑の博覧会（1990） - UNEP国際環境技術センター（1992） - 鶴見花き卸売市場（1994） - 生き生き地球館（1997） ○中央大通り沿道 - 弁天町地区再開発（1993） - 大阪プール（1996） - 市立中央体育館（1996） - 大阪ドーム（1997） - 市立中央図書館（1996） - クリスタ長堀（1997）

注：（　）内は年
資料：大阪市「年報大阪都市計画2022」,「大阪港案内2018/2019」

こうして見ると，紆余曲折を経つつも新都心・東西軸を中心に，文化や情報機能を充実し，また環境の質を高める新しい都市づくりが着実に進んできているといえよう．今後とも，個々の計画は常に見直しを行いながら多核・多軸型都市構造の充実により多様な都市機能を包摂する都市，懐の深い都市・大阪を追求していくことが求められる．

(注)

(1) 大阪都市圏についての分析は次の文献参照
　1) 仙石泰輔，疋田嘉勝：「都市圏域における大阪市の政策課題」『都市問題研究』第32巻第1号，(都市問題研究会；1980)
　2) 大西英雄「中核都市大阪の政策課題 (1)，(2)」『都市問題研究』第33巻第10号，第34巻第1号，(都市問題研究会；1981, 1982)

(2) 例えば次の文献参照
　原武史：『「民都」大阪対「帝都」東京』講談社選書メチエ133，(講談社；1998)

(3) 菅野和太郎：「経済上より観たる大阪」『大阪経済史研究』

(4) 例えば次の文献参照
　1) 大阪市：『大阪のまちづくり−きのう・今日・あす−』(1991)
　2) 大阪市都市工学情報センター：『千年都市大阪　まちづくり物語』(1999)

(5) テクノポート大阪懇話会；『テクノポート大阪計画の基本構想』(1985)
　また，次の文献参照
　1) 大阪市：『大阪市総合計画21』(1990) p.24, 25
　2)「大阪市東西軸座談会〜これからの街へ提言〜」(市政新聞社；1996/11/1)

終　章

総都市化社会の将来と都市政策

　我が国の都市化現象は工業化と共に進展し，百万人規模の都市から数千万人規模の大都市圏へと拡張・発展してきた.

　そして，東京・大阪・名古屋の三大都市圏を包含する「東海・山陽道メガロポリス」とも呼ばれる巨大都市回廊が出現し，また，地方圏においても県庁所在都市を中心に都市化区域の拡大が確実に進行してきた.

　このような結果，2020年の時点で，全国の可住地面積122,958㎢のうち10.8％（国土面積の3.5％）に過ぎない13,250㎢のエリアに総人口の70％，8,829万もの人々が居住し，人口集中地区（DID）が形成されるなど日本列島は「総都市化社会」ともいうべき状況に至っている.

　そして今，この総都市化社会は"失われた30年"ともいわれる時代の中にあり，また，進展する少子・高齢化，人口減少により，その将来に明るい展望を描きにくくなっている.

　総都市化社会は，グローバル化，知識・情報化，少子・高齢化が進む中でどこに向かうのであろうか.

　大都市の将来については懐疑的な見方もあるが[1]，繁栄する都市，衰退する都市の比較を通じた発展条件の考察もある. その幾つか[2]を踏まえつつ，これまでの考察を基にその将来を展望してみよう.

　この問題には，都市が社会的装置であり，また人間活動の場であるとの考え方に基づき，二つの視点からのアプローチが必要となる.

　第1は「グローバル化，知識・情報化が進む中で大都市圏の中枢都市は何を活力の源泉とするのか」，第2は「高齢化，人口減少が進む中で，大都市圏域は人々の居住・生活の場として今後も選択されるのか」という主題である.

195

（1）グローバル化，知識・情報化が進む中での都市の活力源

　前者から見ていこう．

　筆者はこの30年を"失われた"時とは見なしていない．工業化社会が成熟する段階，次のグローバルな知識・情報社会への準備期間であったと考えている．現在はこの準備期間を経て新しい社会が本格的に進化していく時期に差し掛っており，この新しい時代において総都市化社会をリードしていくのは国際的な大都市圏の中枢都市であると考えている[3]．

　「序章　都市の動態分析に当たって」において「東京を筆頭とする大阪・名古屋の三大都市圏，及びこれらが連坦した東海・山陽道メガロポリス，また県庁所在地を中心とする地方中枢都市，さらには，特徴を持った中小都市など多様な都市群が高速道路網，鉄道網，航空網で相互に連結され機能する〈都市ネットワーク型国土構造〉とも呼べる都市社会へ向かっているのではなかろうか」とした．

　また，「第II章　グローバル社会と都市」において，「21世紀はグローバル都市ネットワークの時代であり，このネットワークを形成する国際中枢都市群による高度な技術・文化・情報・ライフスタイルなどの創造・発信によって世界の経済・社会の発展が先導されていく」．また，東京が三大国際中枢都市の役割を果たしていること，多くの都市がこのネットワークへの参画をめざしていることなどに言及した．

　したがって，総都市化社会の将来は，都市ネットワーク型国土構造，とりわけ巨大都市回廊の拠点を担う大都市圏の中枢都市が，世界的な視野で社会的装置として機能していけるかどうかにかかっているといえる．これらの都市がグローバル化，知識・情報化が進展する中で，いかなる発展の原動力を持つのかが極めて重要な課題なのである．

　知識・情報社会とは「人間の知識，豊かな感性が価値を生み出す社会」であり，中枢都市がなすべきは，知的人材・感性豊かな人材，また，その人材が集まる組織を地球的視野で集積し，これらの人材・組織が能力を発揮し，相互刺激・連携により常に新しい創意工夫を生み出し，その成果を世界に発信する機能を備えることであると考える．

　「第III章　都市と経済」の［追記］で記したように，ロンドンやパリは国際金融・ビジネス，芸術文化，アートエンターテインメントなどの諸機能を具

終章│総都市化社会の将来と都市政策

備することにより成熟段階を脱して，新しい発展段階に入ったように思われる．またニューヨークも国際金融やアートビジネスなどをもって1970年代の苦境を乗り越え再生を果たしている．

　これらを勘案すると知識・情報社会における都市発展の原動力は次のようなものと考えられる．

① 創造的人材の集積
　人材育成のための高等教育機関，人材の活躍できる機会
② 知識・情報集約産業（頭脳産業）
　研究開発の社会基盤：研究機関としての大学，公的研究所，企業の研究所・開発センター，情報センター，図書館など
　知識サービス産業：シンクタンク，コンサルタント
　フロンティア産業：開発ベンチャー，メディカルコンプレックス，航空・宇宙産業，海洋開発産業など
　独自産業：地域固有の伝統・資源などを生かしたオンリーワン産業
③ 芸術文化関連機能
　文化施設：美術館，博物館，劇場，コンサートホールなど
　アートビジネス：アートエンターテインメント
　感性産業：デザイン，ファッション産業など
④ 国際ネットワーク拠点機能
　国際ビジネスの拠点：金融，交易，企業の統括・管理・オーガナイズサービス
　情報交流機能：会議，見本市，博覧会など
　人の交流の結節機能：ビジネス交流・観光など

すなわち，大枠としては，国際的な頭脳・文化・創造・交流などの機能であり，これらを具備するための革新が決定的に重要であり，その如何によって総都市化社会の将来が大きく左右されることになる．

　このため，東京が高次都市機能の革新を続け，国際中枢都市としての地位を確固たるものにすると共に，巨大都市回廊の西の中枢である大阪が，その蓄積を生かした国際都市として，グローバル都市ネットワークへ参画していくことが不可欠である．また，都市ネットワーク型国土構造を形成する多くの都市群もその特性を生かした都市活動，都市機能の発揮により都市圏域全体が地球的

197

レベルの社会的装置として機能していくことが求められているのである.

(2) 人口構造の高齢化，人口減少時代の大都市圏の行方

第2のテーマに移ろう.

大都市圏域が人々の居住・生活の場として選択され続けるかどうかには三つのキーワードがある. 都市集積のメリットの評価，習慣形成の行方[4]，及び大都市に住む課題の克服である.

① 都市集積メリットの評価

人口規模が大きいほど成立する産業・サービスは増え，多彩となり選択の幅が広がる. また，所得水準が高くなるほどこの巨大都市の多彩な機能・集積が評価されることは不変であろう. さらに高齢化社会においては，この高度で多様な都市集積による利便性を活用して生活するスタイルが一層志向されるものと思われる.

② 習慣形成の行方

知識・情報社会はますます創造的人材を必要とする. このため大学の役割はさらに重要となっていく. これらの大学は東海・山陽道メガロポリスや県庁所在地などの都市部に多く存在している. このため，学ぶ間に都市生活の習慣形成により，卒業後は都市部の会社に就職する傾向は続くことになる. また25歳以上に脱大都市圏の動きはあるものの，これらの層も地方圏の都市部に住むことになろう.

③ 大都市圏に住む課題の克服

一方で，巨大都市で生活する上では問題点がある.

中心都市に住むことは，高コスト，自然環境やヒートアイランド現象などの環境問題，災害や疾病などに対する脆弱性. また，郊外に住み中心都市で働くことは遠距離通勤に伴うストレス，ワークライフバランスの実現や働きながら子育てすることの困難性などの問題である. これらの課題に対して，働き方改革や子育て支援策の充実，環境技術さらには都市設計・構築技術の革新など大都市圏域を快適生活空間とするための努力が続けられ成果をあげていくであろう[5].

以上のようなことを勘案すると，

① 中心都市に住み職住近接・遊住近接メリットを享受する

② 最高次の生活サービス機能は充実した交通ネットワークを活用して中心都市に依拠しつつ，日常的には都市圏域内の中規模都市の機能を活用する

③ 平日は中心都市に住み働き，週末には郊外生活を楽しむ2地域居住

④ 非DIDに住み，必要に応じて大都市圏の都市機能を活用する

など多彩なライフスタイルが登場してくるのではなかろうか．

したがって，非DIDからDIDへの人口移動傾向は続くと考えるのが妥当と思われる．このため，今後の人口減少過程においても，当面はDID人口の減少幅は緩やかになり，また，DID面積は縮小せず，人口密度が下がる形の変化となろう．

さらに人口減少が続くとやがてDIDが縮小する段階に移行する．このため，DID，非DIDいずれにおいても土地や公共施設の遊休化，空き家の増加，また，地域社会の担い手不足によるコミュニティの希薄化，地域活力の低下など，都市が膨張するのとは真逆の問題が大きな課題となってくる．

これは筆者が1980年に見聞したピッツバーグやロンドンのインナーシティ問題の新たな姿での，かつ本格的な出現といってもいいかもしれない．早い段階でこれらを経験し対処してきた諸都市に学び，また「smart decline」「都市規模の創造的縮小」などの新しい考え方も取り入れ[6]，これらの問題に先手を打って対処し，総都市化社会を快適で利便性の高い人間生活の場として堅持していかなければならない．そのためにも中心都市の社会的装置機能が重要とされるのである．

的確な将来見通し，それに基づく賢明なビジョン，そして政策実行力が強く求められている．巨大都市回廊の西の拠点：大阪都市圏，その中枢都市：大阪市が担う役割も極めて大きく，そのための賢明な都市政策の推進が強く求められていることは言を俟たない．

都市学者J. ジェイコブズの次の言葉を記してこの終章を終わりたい．「都市が停滞している社会や文明にはさらなる発展・繁栄はなく，あるのは退化のみである」[7]

(注)

(1) 例えば，次の文献参照

ルイス・マンフォード：生田勉訳；「巨大都市の興亡」『都市の文化』（鹿島出版会；1974）

(2) 下記の諸文献参照

1) J. ジェイコブズ：中江利忠／加賀谷洋一訳，『都市の原理』

2) J. ゴットマン，R.A. ハーパー編，宮川泰夫訳，『メガロポリスを超えて』

3) 矢作弘：『都市縮小の時代』角川 one テーマ 21，（角川書店；2009）

（以下『都市縮小の時代』と略記する）

4) 木村尚三郎：「現代都市の条件」『都市文明の源流』UP 選書，（東京大学出版会；1977）

5) 総合研究開発機構編：『大都市圏の将来〈繁栄か衰退か〉』（1979）

1)ではイノベーション・革新，豊富な輸入置換による「古い仕事に新しい仕事を次々と付加すること」

2)では中心都市の中心性の主要機能である「交流網のハブ機能」

3)では「創造的階級を魅了する力」

4)では「首都・副首都型の国際的頭脳都市」，「広域にあらゆるサービスを提供する共同利用施設としてのデパート型都市」，「地方的特質を生かした専門都市」

などの重要性が考察されている.

(3) 筆者は社会における都市の重要性はこれからも高まることはあれ，減ずることはないと考えている. また，人口減少社会でも経済成長は可能であるとも考えている.

それは，現在を長い歴史の中でどのように位置付けるかの認識による. これらの考察は別の機会に譲るが，その問題意識の一端を，海外研修報告『大阪経済活性化の諸方策』の冒頭に「文化の時代になぜ経済か」として記述している.

(4) 「集積メリット」，「習慣形成」については次の文献，及び「コラム4」参照

井原哲夫：『巨大都市と人口構造』

(5) 例えば次の文献参照

P. F. ドラッカー：『断絶の時代』pp.44-49

「人類はますますメガロポリスを自らの地域とするであろうことは疑う余地のないところである. メガロポリスの不幸と混乱の一つの原因はそれが輸送面，住宅面，上下水道の面やその他特に清浄な空気や水・自然環境のような生活の基礎的必需的条件の保全の面で，近代技術と考えられているものでは処理できないまでに大きくなってしまっていることである. メガロポリスのための新しい技術が今必要である」

そして，その技術の例として，自由な移動を可能にする大量輸送機関，都心付近の高層アパートをもった立体市街，人間が動く代わりに情報とアイディアの方が人間に向かってやってくる技術などを挙げ，これらが新しい産業になるとしている.

(6) 「smart decline」，「都市規模の創造的縮小」については次の文献参照

矢作弘：『都市縮小の時代』

(7) J. ジェイコブズ：中村達也／谷口文子訳，『都市の経済学』p.278

あ と が き

　本書の分析対象である大阪市は我が国を代表する大都市である．それゆえに多岐にわたる都市問題が逸早く，かつ先鋭的な形で顕在化してくる．

　都市自治体・大阪市はこのような問題に最前線で対処し，また大都市としての役割を果たすに相応しい都市構築の使命を担っている．

　長い歴史を持つ大阪であるが，近代都市づくりに限定しても，「近代的な都市計画・都市政策・都市経営などの理論と実際の先駆的設計者（關一市長）」，「将来に先手を打つ総合計画に基づく都市づくり（中馬馨市長）」，「世界に貢献する国際都市・大阪の創造（大島靖市長）」など明確な目標を持つリーダーを先頭にこれらの使命を果たしてきた．

　大阪市という職域空間は，この過程で都市問題，都市経営，都市政策などに関する人材・ノウハウが重層的に蓄積され，まさに「都市行政の頭脳集団・シンクタンク」，それも行動するシンクタンクとなっているのである．

　筆者が勤務したのはその歴史の一コマ，かつ体験した分野も限られたものではあるが，このシンクタンク活動の一部を記録しておくべきと考えた．

　その作業に退職後すぐに着手する予定であった．しかし，自由時間はなかなかつくれず，生来の筆の遅さのため，本書が姿を現すまでに長い年月を要してしまった．そのため分析対象とした時代は去り，またデータも古くなってしまった．そうであっても，この中で強調した社会における都市の重要性，その都市をより良きものにする都市政策の重要性，また都市を分析することの「面白さ」などについての理解が少しでも深まり，この分野へ多くの人材が参集し，大きな転換期にある都市の分析や都市政策が新たな次元へとイノベートされていくことを期待するものである．筆者も本書のフォローアップ，データに基づく都市研究を継続していくつもりである．

　最後に大阪市の都市分析・計画策定，また，その実行にと共に携わった多くの先輩・同僚諸氏に敬意を表すと共に，本書の出版に当たり，多大なご支援をいただいた大阪公立大学出版会の皆さまに深く感謝しつつ筆を置く．

　　　令和6年7月23日

　　　　　　　　　　　　　　　　　　　　　　　　　　永　田　兼　一

参 考 図 表

第1表　大阪市の総合計画（1次～3次）

	大阪市総合計画／基本構想 1990（第1次計画）	大阪市総合計画 1990（第2次計画）	大阪市総合計画 21（第3次計画）
策定時期	1967年2月策定	1977年3月基本構想議決，1978年3月策定	1990年3月基本構想議決，1990年10月策定
背景	◦大阪市及びその周辺への人口・産業の集中による過密問題・大都市問題への対処 ◦将来に先手を打つ都市計画の必要性	◦高度成長に伴う"ひずみ"の深刻化（環境問題，地域社会での連帯感の希薄化等） ◦人口の流出など	◦大阪市を取り巻く内外環境の変化 - 社会経済の潮流の変化⇒歴史的転換期（国際化・高齢化・情報化・高度技術化・成熟化など） - ビッグプロジェクトの始動（関西国際空港，関西文化学術研究都市，大阪湾ベイエリア開発など） ◦大阪の役割の増大 - 多極分散型国土への先導 - 世界的諸課題解決への貢献
基本方向	◦大阪の持つ西日本経済の管理中枢都市としての機能を一層高める都市構築 ◦良好な生活環境のもとで豊かな市民生活を楽しめるまちづくり	◦物的環境と社会的環境の両面について，より一層人間性豊かな都市と市民生活の向上を目指す ◦業務機能と居住機能のバランスのとれた都市	◦人間主体のまち（誰もが個性ある生きがいを追求し，豊かな大都市生活を送れるまち） ◦世界に貢献するまち（経済と文化を都市発展の両輪とし，広く世界に貢献するまち） ◦住・職・遊のバランスのとれた都市
広域的視野における大阪市の位置付け	◦東京とならぶ二大中枢都市（西日本の経済中枢都市）	◦西日本の中枢都市 ◦大阪都市圏の母都市	◦世界・アジアを繋ぐ国際中枢都市 ◦国土の一極を形成する近畿圏の中枢都市
目標（都市像）	◦まちづくり ・西日本の経済中枢都市へ ・効率的に都市機能を配置した立体都市 ・立体都市に調和する交通網 ◦市民生活 ・豊かで健康な暮らしと快適な住居 ・良好な生活環境 ・充実した文教施設と行き届いた社会福祉施設	◦快適な生活ができるまち ◦広域的な役割を果たすまち ◦新しい文化をつくるまち	◦生涯を健康で安心して暮らせるまち ◦豊かで生きがいある大都市生活を楽しめるまち ◦新しい文化を創造し発信するまち ◦社会の発展を先導する創造的な経済のまち ◦世界に開かれた交流のまち

参考図表

基本指標	常住人口　　350万人 昼間人口　　532万人 市内就業者数　315万人	常住人口　　300万人 昼間人口　　440万人 市内就業者数　290万人	常住人口　　280万人 昼間人口　　410万人 市内就業者数　260万人
目標年次	1990年 （計画期間25年の長期計画）	1990年 （計画期間15年）	構想編　21世紀中葉を展望 計画編　2005年 （計画期間15年）
計画の主題 と特徴	◦急速な経済発展・都市化の進展に対応した近代都市としての都市基盤・施設の積極的整備 ◦総合性を重視した計画	◦第1次計画の基盤整備に加え，環境保全・生活基盤の整備，市民福祉の増進等に注力	◦第1次計画の都市基盤，第2次計画の市民生活の向上に加え，都市機能（経済・文化・交流など）の充実を盛り込む ◦超長期の目標とその段階的実現

出所：各総合計画より作成

第2表 規模別・類型別世帯数の推移

		1970	1975	1980	1985	1990
大阪市	総世帯数	891,966	906,749	880,864	961,116	1,014,881
	3人	162,610	166,992	161,787	168,167	172,681
	4人	204,380	213,482	210,174	197,300	186,531
	5人	108,354	90,635	82,356	82,236	66,584
	6人	50,843	34,862	28,970	23,140	19,908
	7人以上	26,994	18,383	12,673	9,268	7,292
	その他の親族世帯	137,368	120,620	106,481	101,035	88,731
	夫婦と子どもからなる世帯	391,331	386,300	371,119	359,612	345,282
大阪府下	総世帯数	1,299,797	1,620,072	1,724,089	1,922,053	2,024,757
	3人	280,820	338,998	336,867	356,712	388,811
	4人	367,980	502,394	565,285	561,201	539,395
	5人	161,419	183,709	197,296	212,303	191,021
	6人	70,741	64,873	65,065	62,737	59,686
	7人以上	36,482	31,218	26,743	23,682	21,713
	その他の親族世帯	211,616	221,049	221,890	227,261	216,956
	夫婦と子どもからなる世帯	680,037	876,786	937,059	945,528	934,026
隣接3府県	総世帯数	2,137,247	2,465,878	2,602,415	2,892,328	3,079,873
	3人	423,060	488,650	495,240	517,794	561,101
	4人	544,719	660,652	725,207	720,122	713,028
	5人	298,745	300,033	308,991	329,820	299,956
	6人	161,919	143,540	142,048	137,303	130,703
	7人以上	89,755	75,789	68,939	65,635	63,099
	その他の親族世帯	495,997	501,155	500,625	503,879	481,772
	夫婦と子どもからなる世帯	969,945	1,127,781	1,196,120	1,213,452	1,227,423
全国	総世帯数	27,869,674	32,140,763	34,105,958	37,979,984	40,670,475
	3人	5,291,053	6,258,725	6,475,220	6,813,402	7,350,639
	4人	6,853,096	8,301,309	9,070,100	8,988,042	8,787,908
	5人	3,875,188	3,904,137	3,981,763	4,201,242	3,805,147
	6人	2,257,660	2,036,681	2,032,848	1,984,619	1,903,065
	7人以上	1,539,708	1,276,786	1,157,357	1,112,751	1,063,969
	その他の親族世帯	6,819,678	6,987,516	7,062,582	7,209,096	6,985,825
	夫婦と子どもからなる世帯	12,375,131	14,289,951	15,081,043	15,188,773	15,171,520

資料：総務省「国勢調査」

参考図表

第3表 20〜34歳層の有配偶率（1985年）

(単位：人，%)

	男			女		
	総数	有配偶	有配偶率	総数	有配偶	有配偶率
大阪市	297,585	99,129	33.3	286,484	138,259	48.3
府　下	642,537	254,197	39.6	638,493	369,477	57.9

資料：総務省「国勢調査」

第4表 準世帯数・人員の推移

	1965	1970	1975	1980	1985
大 阪 市	41,210	43,046	30,989	55,500	46,667
	234,842	170,679	103,184	73,802	66,115
府　　下	35,682	37,771	30,323	107,241	86,165
	262,331	268,300	206,936	158,988	148,066
隣接 3 府県	80,941	88,084	75,776	152,601	120,053
	392,783	398,557	326,572	250,963	227,019

注：上段：世帯数，下段：人員（人）
資料：総務省「国勢調査」

第5表-1 高校生の自県内就職率

(単位：%)

	1975	76	77	78	79	80	81	82	83	84	85	86	87	88	89	1990
全　国	69.2	71.5	72.7	73.7	75.0	75.7	75.5	74.7	75.4	76.3	76.1	75.8	76.4	76.6	76.4	76.2
地方圏	65.7	68.5	69.9	71.3	72.8	73.8	73.6	72.6	73.3	74.5	74.2	73.9	74.6	75.1	75.1	75.1
東京圏	78.9	79.2	79.6	79.0	79.0	78.6	77.7	77.3	77.0	76.6	77.3	76.2	76.0	75.0	74.7	74.1
大阪圏	82.5	84.1	83.7	83.9	84.7	84.3	84.2	83.8	85.5	86.1	85.4	86.3	86.9	87.3	86.2	85.4

資料：文部科学省「学校基本調査」

第5表-2 高校生の自県内大学進学率

(単位：%)

	1978	79	80	81	82	83	84	85	86	87	88	89	1990
全　国	36.3	37.5	37.4	38.3	38.8	39.0	38.7	38.7	38.7	37.4	37.0	36.4	35.9
地方圏	27.9	30.1	30.8	31.3	32.2	33.2	33.4	33.7	34.0	32.4	32.0	31.4	30.6
東京圏	51.4	50.6	50.3	49.5	49.1	48.2	46.8	45.8	45.4	44.4	43.8	42.8	42.8
大阪圏	43.8	43.8	39.7	43.9	44.6	44.6	43.5	42.7	42.8	41.9	41.6	41.6	40.8

資料：文部科学省「学校基本調査」

205

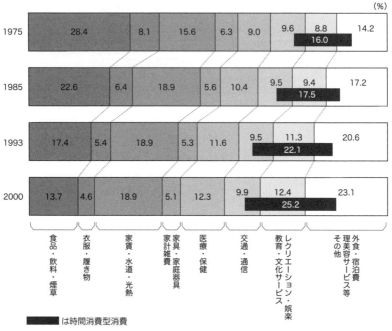

第1図　消費構造の展望（新SNAベース・名目）

参考図表

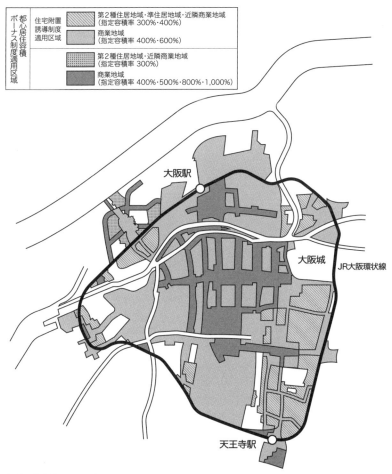

出所：大阪市Webサイト

第2図　都心居住促進区域

207

索 引

※この索引では正式名称以外の用語でも関連している場合は，一部掲載しています．

ア

アートリテラシー　　132, 147〜149
アーリーアダプター　　39, 42
IAURIF　　69, 74, 88
IDC（Industrial Development
　　Certificate）　　57, 60, 61, 65
アイデンティティ　　14, 144
空き家　　105〜107, 114, 119, 136, 199

イ

イクスパンディングタウン　　58, 59, 63
移住型就職率　　115
イノベーション　　37, 40, 42, 47, 77, 86,
　　164, 200
イノベーションの苗床　　37, 40, 77
イル・ド・フランス地域（→パリ大都市圏）
インテリジェント化　　44, 45, 47
Inner Urban Areas 法　　59, 65
インナーシティ問題　　59, 64, 65, 75,
　　199
インナー地域（エリア）　　52

エ

AAs（Assisted Areas：補助対象地域）
　　57, 60, 63, 87
APUR　　69
Enterprise Zone　　61

オ

OSK 日本歌劇団　　154, 172
ODP（Office Development Permit）
　　57
大阪クラシック　　156, 162, 172
大阪国際交流センター　　29, 30, 148,
　　154

大阪市芸術文化創造・観光振興行動計画
　　147
大阪市総合計画1990　　33, 202
大阪市総合計画／基本構想1990　　33,
　　202
大阪市総合計画21　　7, 21, 23, 29, 76,
　　78, 81, 89, 116, 117, 119, 127, 140,
　　145〜147, 163, 182, 191〜193, 202
大阪市都市工学情報センター　　29, 30,
　　193
大阪市立芸術創造館　　152〜154
大坂城下町　　187
大阪都心部　　22, 23, 189, 191
大阪フィルハーモニー交響楽団　　154〜
　　156, 162, 172
大阪湾岸軸　　186, 189, 190

カ

外部経済効果　　43
楽育　　161
可住地（面積）　　182, 183, 186, 195
価値創出活動　　9, 10, 12
上方歌舞伎　　148, 150, 154〜156, 172
上方落語　　154
観光
　　滞在型観光　　170, 171, 173
　　都市型観光　　169
観光資源　　170〜176
　　観光資源の在庫管理　　175, 176
　　観光資源の商品管理　　175, 176
観光動向調査　　164〜167, 170
観光ビッグバン　　164
関西・歌舞伎を愛する会（旧・関西で歌
　　舞伎を育てる会）　　150, 156
関西経済同友会　　157, 162

関西国際空港　22, 29, 31, 82, 168, 174,
　177, 186, 187, 189, 190, 202
管理・オーガナイズ機能　40

キ

起業家　47, 83
企業家精神　21, 47, 77
居住地機能　96〜98
巨大都市　2, 5, 15, 115, 136, 178, 198,
　200
巨大都市回廊　185, 195〜197, 199
巨大都市圏　174, 181
金融ビッグバン　68

ク

草の根国際都市　24, 25, 27
草の根文化都市　147〜150
グランプロジェ　74
クリエイティブ化　45
Creative Center Osaka　152
グローバル
　グローバル化　17, 20, 22, 24, 41, 44,
　　45, 124, 133, 134, 195, 196
　グローバル交流財　8, 19, 20, 30, 41,
　　178
　グローバル社会　8, 17, 21, 29, 136,
　　160, 164, 178, 196
　グローバル都市ネットワーク社会
　　8, 17, 19, 21, 22, 31, 196, 197
　グローバルネットワーク　17, 18,
　　22, 31

ケ

経済機能　38, 43
　基幹的経済機能　39
　広域（国土）経済機能　39, 40
　国際経済中枢機能　39, 40, 44, 81
経済シナリオ　78〜80
経済循環　35
経済の動学的循環　37, 38, 45

経済の文化化　143
ゲートウェイ　20, 168, 174, 177

コ

郊外志向　101, 102
合計特殊出生率　111, 112
高質化　45, 76
国際集客都市（構想）　163, 167, 170,
　171, 178
国際中枢都市　17〜19, 22, 26, 41, 164,
　196, 197, 202
国際連合　2, 4〜6, 8, 181
国土軸　187, 188
子育て層　92, 104, 114, 116, 117, 121,
　123, 125, 127, 132〜134
コミューター（第2の人口）　165, 166,
　170
コモディティ化・陳腐化　45
雇用減少（効果）　63, 96, 97, 99, 100
コンテンツ（産業）　143, 153, 155, 161
コンプレックス（性）　13, 42, 77, 143,
　144, 197

サ

産業連関分析　166
三極構造　17, 18
三層構造　11, 38, 43, 44, 141
　経済機能の三層構造　39
　都市機能の三層構造　11, 43
　都市文化の三層構造　141, 147, 150
三大都市圏（の時代）　2, 4, 195, 196
　大阪圏　2, 3, 23, 104, 109, 110, 184,
　　186, 205
　東京圏　2, 3, 108〜111, 114, 122,
　　136, 184, 186, 205
　名古屋圏　2, 3

シ

GLC（Greater London Council）　61,
　64, 66, 67, 87

209

時間的機能ローテーション　　8, 185
自己実現　　9〜12, 14, 24, 27, 124, 134, 142, 144
社会共通資本　　13
社会的装置　　7, 10, 12, 13, 15, 33, 40, 163, 195, 196, 198, 199
社会的役割分担　　184
習慣形成　　115, 198, 200
集客産業（→ビジターズインダストリー）
集積の動学的利益　　37, 42
集積の利益（メリット）　　12, 37, 42, 198, 200
住・職・遊　　24, 202
熟練手工業　　72〜74
商都　　46, 47, 187
消費的・享受的活動　　9, 10
情緒価値・感性価値（の創造）　　44, 45
職住近接　　102, 114, 121, 123〜125, 132, 198
職住分離（効果）　　95〜100, 102, 104, 114, 121
人口
　都市活動人口　　165, 166, 173
　都市人口　　1〜3, 5, 8, 169
　昼間人口　　165, 166, 203
人口集中地区（DID）　　183, 195, 199
新機軸　　11, 12, 20, 164
新都心　　82, 190, 192, 193
シンボル化　　45, 47, 143, 144
新臨海部　　190

ス
smart decline　　199, 200

セ
生活文化　　77, 139〜141, 145
世帯形成層　　92, 103, 114, 116, 117, 121, 123, 132, 134, 136
世帯分離（層）　　101, 102, 105, 107, 113

ソ
相互浸透　　24, 28〜30, 124, 134
相互発展　　29, 40
相互理解　　29, 30
創造的人材・階級　　19, 151, 197, 198, 200
創造的マーケティング　　175
総都市化社会　　8, 195〜197, 199
ソフトの文化資本　　145

タ
ターンキーサービス　　83, 84
太平洋人材交流センター（PREX）　　30
大ロンドン開発計画（GLDP）　　58
脱工業化・サービス経済化　　48, 52, 132
脱工業化社会　　41, 70
脱大都市圏　　110, 198
旅欲　　164, 169
多様性（マルチストラクチャー）　　11, 27, 42, 73, 80

チ
地価高騰　　119, 120, 128, 134
知識・情報社会　　41, 44, 110, 136, 160, 196〜198
知識の源泉　　43, 86
地方圏　　3, 4, 108〜110, 114, 115, 136, 195, 198, 205
地方中枢都市　　4, 196
昼間就業者　　34, 93〜95, 98, 99, 108, 181
超巨大都市　　5

テ
ディベロップメント・オフィス　　157, 159
テクノポート大阪懇話会　　189, 193
天下の台所　　46, 48, 81, 185, 187, 188

210

ト

東海・山陽道メガロポリス　4, 195, 196, 198

東京一極集中　21, 80, 110, 113

登龍門機能　151, 152

都市核　8, 186, 189, 190

都市間競争　14

都市機能　3, 7, 8, 10〜15, 23, 24, 38, 75, 82, 162, 168, 169, 181, 183, 186, 189, 193, 197, 199, 202, 203

　基幹的都市機能　11

　広域的・高次都市機能　11

　国際的創造・管理都市機能　11, 12, 14

都市規模の創造的縮小　199, 200

都市形成力　143, 144, 170

（大）都市圏　2, 3, 20, 53, 54, 56, 73, 74, 87, 108〜110, 115, 136, 184〜186, 189, 193, 195〜200

　大阪都市圏　31, 181〜186, 193, 199, 202

　東京都市圏　181〜183

都市構造　8, 31, 69, 70, 181, 186, 188, 189, 191

　多核・多軸型（都市）構造　183, 186, 189, 192, 193

都市軸　8, 187〜190

　東西（都市）軸　186, 188〜190, 192, 193

　南北（都市）軸　186〜190

都市社会　1, 4, 196

都市収支　163, 178

都市内グローバル経済特区　26

都市ネットワーク型国土構造　4, 196, 197

ドックランド　61, 68

ニ

ニュータウン　58, 59, 63〜65, 70, 72, 74, 88

ニューヨーク　17, 22, 27, 49, 52〜54, 56, 76, 79, 80, 143, 157〜159, 177, 197

人間活動の場　9, 10, 12, 13, 23, 195

ハ

花と緑・光と水のまちづくり　131, 137

パリ　69〜76, 87, 108, 144, 196

　パリ市マスタープラン　71〜73

　パリ大都市圏　70, 72〜74, 88

ヒ

ビジター（第3の人口）　8, 20, 163〜167, 169〜171, 173〜176, 178

　ビジネスビジター　166, 167, 178

　観光ビジター　165, 166, 178

ビジターズインダストリー　142, 144

ピッツバーグ　49〜56, 76, 199

　ルネッサンス計画　50, 51, 56

フ

武化　139

文化インキュベートシステム　151

文化施設コンプレックス　144

文化集客アクションプラン　147

文楽　148, 150, 154, 155, 162, 172

ホ

星空コンサート　156

ポスト産業資本主義　41, 87

ポップカルチャー　149, 154

ミ

水の都　131, 132, 170, 172, 187

メ

メトロポリタン美術館　157, 159

ユ

輸・移出　10, 40, 163

211

遊　　163
遊住近接　　124, 132, 198
輸入置換　　37, 86, 200

ラ

ライフステージ　　102, 114, 122, 124,
　　126, 128

リ

リージョナルネットワーク　　17, 18,
　　22, 31
利潤の源泉　　44
リノベーション　　56

ロ

六大都市　　2, 8
ロンドン　　17, 22, 56〜59, 61〜68, 73,
　　75, 76, 79, 80, 87, 143, 177, 196, 199
　　ロンドンドックランド開発公社
　　（LDDC）　　68

ワ

ワークライフバランス　　123, 132, 198

著者略歴

永田 兼一（ながた けんいち）

1972年	立命館大学経済学部卒
1972〜2009年	大阪市勤務（総合計画局，市長室，ゆとりとみどり振興局，こども青少年局）
2009〜2012年	公益財団法人大阪国際交流センター勤務
現在	NGT都市未来研究所主宰

大阪公立大学出版会（OMUP）とは
本出版会は、大阪の5公立大学－大阪市立大学、大阪府立大学、大阪女子大学、大阪府立看護大学、大阪府立看護大学医療技術短期大学部－の教授を中心に2001年に設立された大阪公立大学共同出版会を母体としています。2005年に大阪府立の4大学が統合されたことにより、公立大学は大阪府立大学と大阪市立大学のみになり、2022年にその両大学が統合され、大阪公立大学となりました。これを機に、本出版会は大阪公立大学出版会（Osaka Metropolitan University Press「略称：OMUP」）と名称を改め、現在に至っています。なお、本出版会は、2006年から特定非営利活動法人（NPO）として活動しています。

About Osaka Metropolitan University Press (OMUP)
Osaka Metropolitan University Press was originally named Osaka Municipal Universities Press and was founded in 2001 by professors from Osaka City University, Osaka Prefecture University, Osaka Women's University, Osaka Prefectural College of Nursing, and Osaka Prefectural Medical Technology College. Four of these universities later merged in 2005, and a further merger with Osaka City University in 2022 resulted in the newly-established Osaka Metropolitan University. On this occasion, Osaka Municipal Universities Press was renamed to Osaka Metropolitan University Press (OMUP). OMUP has been recognized as a Non-Profit Organization (NPO) since 2006.

都市 その機能とダイナミクス
―都市政策の実践理論構築に向けて―

2024年11月3日　初版第1刷発行

著　者　永田　兼一
発行者　八木　孝司
発行所　大阪公立大学出版会（OMUP）
　　　　〒599-8531　大阪府堺市中区学園町1-1
　　　　大阪公立大学内
　　　　TEL　072(251)6533
　　　　FAX　072(254)9539
印刷所　石川特殊特急製本株式会社

©2024 by Nagata Kenichi. Printed in Japan
ISBN978-4-909933-81-2